项目式学习
指导手册

每个教师
都能做PBL

美国巴克教育研究院项目式学习计划 / 编著
（PBLWorks–Buck Institute for Education）

来赟 邢天骄 / 译

中国人民大学出版社
·北京·

本书编委会

主编

约翰·拉尔默（John Larmer）

迈拉·李（Myla Lee）

作者团队

约翰·拉尔默（John Larmer）

迈拉·李（Myla Lee）

黛比·克莱门特（Debbie Clemente）

安杰拉·马尔兹利（Angela Marzilli）

特别支持

埃里克·怀特（Eric White）

埃琳·布兰德沃德（Erin Brandvold）

费罗泽·芒西（Feroze Munshi）

希瑟·沃尔珀特－加伦（Heather Wolpert-Gawron）

霍诺·穆尔曼（Honor Moorman）

詹姆斯·费斯特（James Fester）

劳琳·亚当斯（Laureen Adams）

萨拉·菲尔德（Sarah Field）

Contents
目 录

导 言 项目式学习概览

中文版序

我很高兴看到项目式学习（Project Based Learning，简称 PBL）在世界范围的广泛传播。我相信，PBL 对当今学生来说，是一种非常重要的教学方法。我本人曾是一名高中教师，也看到过很多学生对学校的学习感到厌烦，除非他们很幸运地遇到了一位难得的教师，能把学科教学变得生动有趣。通过将 PBL 引入课堂，更多的教师将看到，学生开始对学习这件事感到兴致勃勃。

但是，PBL 不仅仅是激发学生参与学习的活动。项目不应只是看起来"好玩儿"，而应是一种严谨而深度的学习体验！今天的学生要想投身现代经济发展中，成为新时代公民，以及社区乃至更广阔世界的一员，讲座、课本和作业单是远远不够的。在学校以外的世界里，学生将面临的挑战和问题是死记硬背的信息和惰性的知识无法解决的。

年轻人需要知道如何成为问题解决者、创造性和批判性思考者，以及有效的合作者和沟通者。而与其他任何教学方法相比，PBL 能更有效地培养这些技能。这就是为什么它如此重要的原因。年轻人渴望着手去解决真实世界的问题，我们不应该成为他们的阻力，告诉他们等长大一点儿再说。

所以我很开心你翻开了这本书。我祝福你在将 PBL 带给学生的过程中能够一切顺利！

约翰·拉尔默

2022 年 8 月

译　序

过去几年，我们几位项目式学习（PBL）培训导师有机会深入学校、社区、机构，与更多一线教师直接交流。我们欣喜地看到，PBL正从大家津津乐道的教学理念逐渐变成教师愿意尝试，甚至开始使用的教学方法。

2016年《中国学生发展核心素养》总体框架的发布，赋予了PBL新的内涵和价值。PBL作为一种能有效培养学生核心素养的教学方式，在国内的关注度持续上升。2022年发布的义务教育课程方案和课程标准，更是强调了以结构化的方式（如按主题、项目、任务等）来组织课程内容，强化知识间的内在关联，凸显学科教学的本质。从2016年到现在，一大批倡导素养时代新教学方式的教育工作者在推动PBL教学法的过程中做了大量的尝试和示范，点燃了PBL在中国的星星之火。如今，我们切身地感受到，这一点PBL星火已渐成燎原之势。

更让人欣慰的是，我们看到，越来越多的教育工作者没有止步于简单尝试，而是开始系统学习，深入执行。这无疑标志着PBL教学法的应用开启了一个新篇章。在这个新阶段中，大家的关注点从热热闹闹的项目形式转向了为学习者设计深度的学习体验，让他们更深入地理解项目承载的核心知识，进而培养他们将所学知识迁移到真实世界中不同场景的能力，最终帮助他们实现素养的提升。

2021年4月，"蔚来教育"作为巴克教育研究院项目式学习计划（PBLWorks–Buck Institute for Education，简称PBLWorks）在国内唯一授权的合作伙伴，已经完成了工具资料库的引进工作，并计划接下来翻译引进不同学科、不同学段的优秀案例。除此之外我们还在思考，有没有什么材料能够更全面系统地指引一线老师进行 PBL 教学，指出让素养落地的参考路径，让老师能常看常新，解答实践过程中的疑惑？因此，当 PBLWorks 的在线学习总监里奇·狄克逊（Rich Dixon）告诉我们，全面改版升级的《项目式学习指导手册：每个教师都能做 PBL》小学版和中学版两本书即将问世的时候，我们感到非常兴奋，当即决心让它们尽快到达老师手中。

这两本书是教师写给教师的随身指导手册，由巴克教育研究院原主编约翰·拉尔默先生（现已退休）领衔一众导师团队共同编写完成。书中的内容是研究院 30 多年来研究 PBL 与推广 PBL 的精华总结，也是 2003—2009 年出版的三本"工具箱系列"书籍的全面升级。其中融入了教师关心的当下研究成果、高质量 PBL（High Quality PBL，简称 HQPBL）框架、社会情感学习（Social-Emotional Learning，简称 SEL）、教育公平等议题，还设有为远程学习提供建议的专门板块。当在线学习成为一种新常态时，这些源于 PBL 实践者的经验无疑是一场及时雨。

"实用"是本书的一大亮点。七个章节围绕项目式教学实践的核心要素来展开，为从项目设计到实施的各个环节提供了大量具体的操作方法、策略和工具，甚至还包含了教师对不太成功的尝试所做的反思。很多教师经常提出的疑问和难点，在书中均有具体的展开。例如，书中用数页的篇幅多角度讲述了如何写好驱动性问题。更为宝贵的是，书中对 PBL 与日常教学深度整合后会出现的"高阶问题"一一进行了梳理与解答。例如，跨学科项目或多个学科共同开展的项目容易出现哪些误区？如何避免？短期、中期、长期项目设计的侧重点有何不同？在一个项目中，学生是否可以完成不同的作品？等等。本书附录还收录了"项目设计评价量规"和"项目式教学评价量规"，详细描述了在从 PBL 新手逐步向有经验的 PBL 教师迈进的过程中，老师们都需要达到哪些具体的标准，可用于自评自测，并以之为参照继续提高。

最后，我们也想借此机会感谢为这套书的引进、翻译和出版做出贡献的所有朋友。团队的努力使这套书的翻译和出版工作能够快速高效地完成，并及时来到你手边。希望它能成为你开展 PBL 教学的"随身顾问"。

来赞、陆颖、潘春雷、邢天骄

2022 年 9 月

致　谢

　　我们首先要感谢全美和世界各地成千上万的教师，是他们用项目式学习丰富了学生的生活。感谢这些教师的想法、灵感和决心。我们还要感谢为教师推行 PBL 创造条件的学校领导。正是因为他们的支持，学生才有机会接触 PBL 并从中受益。对于缺少教育机会的孩子来说，这一点尤为重要。

　　PBLWorks 美国专家委员会是一支汇聚了 PBL 教师、学校领导、教学指导教练和咨询顾问的一流团队。我们感谢委员会成员们（包括现任委员和名誉委员）所做出的卓越贡献。他们撰写文章，为教师设计 PBL 项目和教学材料，还为 PBLWorks 提供专业发展服务。本书的素材即来自他们的工作。PBLWorks 美国专家委员会的几位成员也是本书的共同作者，你可以在扉页后看到他们的名字。迈拉·李在编辑的最后阶段为我们提供了至关重要的支持。本书是团队心血的凝结之作！

　　我们高度赞扬 PBLWorks 的工作人员，正是因为他们的努力付出和对质量的把控，《项目式学习指导手册：每个教师都能做 PBL》小学版和中学版这两本书才得以问世。约翰·拉尔默为这两本书确立了方向，统领了写作团队并参与了编辑。在最后几个月里，莉莲·迪格南（Lillian Dignan）不厌其烦地统筹设计和印制过程。黛比·吴（Debbie Woo）在概念、标题和设计方面提出了建议。德布拉·亨特（Debra Hunter）全程为我们提供专家反馈和指导。我们还要感谢那些阅读历次修改稿的工作人员，特别是萨拉·菲尔德、莉萨·米雷尔斯（Lisa Mireles）和夏丽蒂·帕森斯（Charity Parsons），是他们提出了友善、具体且有帮助的反馈。

特别值得一提的是萨拉·菲尔德，她始终如一地支持我们的工作，并牵头创建了高质量的 PBLWorks 项目库。我们从项目库中借用了很多资料。吉娜·奥拉布纳加（Gina Olabuenaga）编写了 PBLWorks 的许多优质材料，也为教师、学校领导的专业发展做出了贡献。我们从中吸取了很多经验。在劳琳·亚当斯和黛娜·贝克顿 – 康苏埃格拉（Dinah Becton-Consuegra）的帮助下，我们对教育公平的思考日趋成熟。谢谢你们，感激不尽！

项目式学习概览

为什么项目式学习（PBL）在全美甚至全球范围内，变得日趋流行并成为 21 世纪教育的一个重要特征呢？因为它是有效的。而且对学生而言，它能让学习变得更有意义。

那么我们所说的"有效"和"更有意义"指的是什么呢？

如果你去问成功实施过 PBL 的教师，他们会说，PBL 让学生学得更好。它可以促进深度学习，使学生获取事实性知识，培养 21 世纪成功技能。引人入胜的项目能激发学生学习的内驱力。一个让年轻人去直面现实世界中的问题、挑战或重要议题的项目，可以培养学生的能动性，使他们积极地改变生活。践行 PBL 的教师还会说，这让他们体会到了工作的价值。

如果你问体验过高质量 PBL 的学生，他们会用自己的话来表达类似的观点，说明为什么 PBL 是有效的。一名 4 年级学生在完成项目后说："我爱 PBL，因为它就像谜题。在做项目的过程中我们学了那么多东西，但我们居然没有察觉。虽然老师会提供帮助，但主要是学生自己在动脑筋。有时候，我们会因为思考得太多而头疼。"一名 12 年级的学生说："项目融入了我们学到的概念，并要求我们应用，这锻炼了大家的批判性思维和创造性思维。"在谈到项目时，另一名高中生说："它实实在在地改变了我的生活。"

如果你问体验过高质量 PBL 的学生家长，他们会说，孩子对学习更投入了。一位 2 年级学生的家长说："受到项目的激励，我儿子的阅读能力有了很大提高。"一位高中生的家长说："我女儿展现出来的热情、创造力、学习深度和投入程度震撼了我们。"家长还注意到，当他们问孩子"你今天在学校做了什么？"的时候，得到的答案不再是千篇一律的"没什么"，而是有关项目最新进展的热情描述。

如果你问帮助推行 PBL 项目，并为教师实施 PBL 创造各种有利条件的学校领导，他们的回答也会引起教师的共鸣。学校领导会因为学生和家长的满意而感到欣慰。他们甚至会说 PBL 改变了他们的校园文化。如果学校创建"毕业生画像"①的愿景，是将学生培养成具有批判性思维的人、问题解决者、有效的合作者、负责任的公民和项目经理，那么学校领导就会明白，PBL 是实现这一愿景的重要部分，也就不会担心考试成绩了（详见第 21 页"所有学生都能做 PBL"部分）。

如果你问研究过高质量 PBL 的科研人员，他们会指出证明 PBL 有效性的几项研究——作为研究人员，他们通常会提醒大家注意研究的细微差别以及进行更多研究的必要性。事实证明，PBL 不仅对学习成果（包括标准化测试的成绩、解决问题的能力和其他成功技能）有积极的影响，还对参与度、学习动机和自我效能也有积极的影响（详见第 15 页"PBL 的有效性：研究告诉我们什么"部分中的更多研究证据）。

❋ 什么是项目式学习

首先，我们把项目式学习正式定义为：

> 使学生能够通过一段时间的调查研究来回应真实、有趣且复杂的问题、难题或挑战，并公开展示他们的项目成果，从而获得知识和技能的一种教学方法。

---

① 毕业生画像（graduate profile）是学校或学区对毕业生应该具备的能力和品质的具象化表达。它可以由学校领导、教职员工和社区利益相关者等共同建立，可以用来和学生或家长进行清晰、明确的沟通，并有助于教师在教学过程中依此设定优先级。——译者注

我们常说，在 PBL 中，学习对学生来说是鲜活的，它让课堂（或学生学习的任何场所）充满了创造力和感染力。

项目式学习是"主动学习"（active learning）的一种形式，提倡学生间的相互合作，属于探究式学习的一般范畴。其他探究式学习法包括课题研究、科学调查和苏格拉底式讨论[①]。问题式学习（problem-based learning）也简称为 PBL，与我们所说的项目式学习模式很接近，且大多数特征都一致。

项目式学习的方法论源于进步主义教育和建构主义学习理论，强调的是学习者在知识建构中的作用。学习者通过体验、反思，以及把新信息融入现有认知来建构知识，而不是被动地接收信息。当代的 PBL 模型借鉴了让·皮亚杰（Jean Piaget）、列夫·维果茨基（Lev Vygotsky）、保罗·弗莱雷（Paolo Freire），尤其是约翰·杜威（John Dewey）的研究成果。

杜威被认为是 PBL 的先驱，他提倡"从经验中学习"，反对死记硬背和侧重于知识传授的直接教学。然而，杜威并不提倡纯粹的"发现式学习"（discovery learning），即学生探索自己选择的主题，教师只提供极少的帮助。他认为教师应该在引导学生学习方面发挥积极的作用——对此我们也持相同的观点，因此我们在黄金标准 PBL 模型中加入了七个"项目式教学实践"（更多信息详见第 19 页"教师在 PBL 中的角色"部分）。

求知的需求

项目式学习为学生创造了真正的"求知的需求"，这是理解它的关键，也是它激发学生内在动力的关键。在 PBL 中，学生不是为了得高分而学习，也不是在其他外在动机驱使下去学习，而是被项目吸引。他们全情投入，探寻真实问题的解决方案，为那些与自己相关或对自己非常重要的驱

---

① 苏格拉底式讨论（Socratic discussion）是一种在问答中澄清彼此的观念和思想，最终发现真理的方法。——译者注

动性问题寻找答案。

是主菜，而非甜点

理解项目式学习的另一个关键在于，"项目"基本上是教学"单元"的同义词，或至少是一个单元的主要关注点。

在一个典型的包含所谓"项目"的教学单元中，教师会综合运用讲授、带领学生阅读课本、布置作业单，以及安排简短的活动、让学生观看视频节目和访问网站等方式来完成一个主题的教学。然后，教师会给学生布置作业，让他们自行在家完成。比如，制作一张关于某种疾病的海报，来展示这种疾病对人体的影响、人体的反应，以及如何治疗。教师会在课堂上呈现这些"项目"，但不会做特别正式的展示或进行详细的探讨，最后以考查事实性知识记忆的测试来结束单元的教学。

就像 EL 教育[①]的罗恩·伯杰（Ron Berger）首先指出的那样，教师以常规方式教授单元的主要内容，然后用一个简短的项目作为"饭后甜点"。去传统的课堂看一看，你可能会发现，在一个学年中，学生至少在一个单元里做过甜点式的项目。从鞋盒立体画到手工制作的模型，再到海报展示和研究报告，学生经常被要求制作一些与该单元学习主题相关的东西。教师通常将甜点式的项目安排在单元接近尾声时，或者在单元进行中将其作为"配菜"，安排在通过传统教学完成课程单元的主要内容之后。

在项目式学习中，项目是主菜——它包含课程与教学两个方面，并为课程与教学提供了设计与实施的框架。项目本身被用来教授严谨的学术内容和成功技能。

---

① EL 教育（EL Education）是美国一家非营利机构，源于 1991 年美国外展教育协会和哈佛大学教育研究生院合作创建的 EL（Expeditionary Learning，通常译为探索体验学习或远征式学习）学习改革模式。这种模式强调通过主动学习、性格培养和团队合作来取得教育的成就。1993 年在美国联邦政府的支持下开办了 10 所 EL 学校，至今在全美已创建了 160 多所合作学校。——译者注

※ 什么是黄金标准PBL

2015 年，巴克教育研究院制定了项目式学习的"黄金标准"。这一标准源于巴克教育研究院 20 多年来支持 PBL 教学所积累的大量经验，并借鉴了广泛的学术研究文献。我们这样做是为了确保 PBL 在日益普及的同时能够更好地得到实施，以履行它的承诺，而不至于成为教育中的明日黄花。

我们的黄金标准 PBL 模型包括两个部分：七大项目设计核心要素和七大项目式教学实践。

每一部分都聚焦于学生的学习目标，因此我们将学习目标置于下图的中心位置。学生的学习目标既包括学术知识和技能，也包括对概念及过程的深度理解，还包括诸如批判性思维、问题解决、合作、沟通、创造和项目管理这样的成功技能。我们之所以聚焦于学习目标，是为了提醒自己，项目应该具有严谨性。

项目设计核心要素

如上图所示，七大项目设计核心要素包括以下几方面的内容。

具有挑战性的问题或疑问。项目由一个待解决的、有意义的问题，或一个需要被回答的疑问构成，应该具有适当的挑战性。

持续探究。学生会参与严谨且持续一段时间的探究过程，去提出问题、寻找资源和运用信息。

真实性。项目或涉及真实世界的场景、任务、工具、质量评判标准，或能够对真实世界产生影响，又或者与学生个人的关注点、兴趣和他们生活中的话题息息相关。

学生的发言权和选择权。学生在项目中会做出一些决策，包括他们如何做项目和想要创造什么，并用自己的声音表达自己的想法。

反思。学生和教师要反思探究路径及项目活动的有效性，还要反思作品的质量，以及过程中遇到的困难和解决的方法。

批判性反馈和修改。学生要学会给他人反馈、接受他人的反馈，并运用反馈优化项目过程和项目成果。

公开展示的成果。学生要向公众展示项目作品，向课堂之外的人分享、阐述或展示。

我们会在第一章《设计与规划项目》中详细介绍这些要素。值得注意的是，这些要素在项目中的体现程度不尽相同。我们之所以如此设定，是希望项目设计能够做到尽可能严谨、有效，而非仅仅提出一系列难以达到的标准。

高质量 PBL 框架

2017 年，PBL 领域的一流专家和专注于 PBL 的机构联合创建了高质量 PBL（HQPBL）框架。我们的黄金标准 PBL 模型与

HQPBL 框架是一致的。HQPBL 框架描述了学生在一个好的项目中会经历什么，而我们的模型则描述了教师该如何让学生获得这样的体验。更多内容参见 www.hqpbl.org。

◆◆◆

※ PBL 的有效性：研究告诉我们什么

学界对本书中谈到的这类项目式学习的研究，已经有超过 20 年的历史。一提到教育研究，我们总会说，需要做的还有很多。近年来，针对 PBL 的研究速度在加快，质量也在提升。尽管如此，人们仍旧无法就 PBL 的定义达成一致。研究 PBL 的有效性颇具挑战，因为有很多变量，比如，项目设计得如何，教师实施得如何，以及测评手段的效度和信度怎样。

在 2018 年 PBLWorks 关于 PBL 的研究简报《项目式学习与学生成就》（Project Based Learning and Student Achievement）中，PBLWorks 的首席影响官萨莉·金斯顿（Sally Kingston）博士这样说："研究表明，PBL 可以促进学生的学习，并且在社会研究、科学、数学和读写方面取得的成效可能优于传统教学。本简报中回顾的 20 项研究表明，PBL 可以增进学生在社会研究和科学方面的学习效果；它对数学和读写的学习也是有效的，只不过有效程度更为有限。"

需要注意的是，与我们推行的黄金标准 PBL 相比，更多研究针对的是问题式学习（也被称为 PBL）。不过，我们认为研究结果适用于两者，因为它们是如此相似（Larmer，2013）。研究发现：

- 通过完成真实任务而习得的知识可以被更好地组织起来并与原有知识整合。学生认为这些知识更有意义，也更容易应用于新情境（Hung et al.，2007）。

- 在学生必须使用知识，而不仅仅是记住知识的情况下，问题式学习比传统教学更有效（Dochy et al., 2003; Strobel & van Barneveld, 2009）。
- 与通过传统方法学习的学生相比，通过问题式学习获取知识的学生能够更牢地记住所学内容（Capon & Kuhn, 2004; Dochy et al., 2003）。
- 项目式学习促进了学生的参与度，因为它将学生与同伴的合作、发言权和选择权、完成真实的作品并公开展示，以及新颖性这些方面都囊括其中（Blumenfeld et al., 1991; Brophy，2013）。

有三项研究值得特别一提，因为它们：（1）是最近的研究；（2）针对的是严谨的项目式学习；（3）可被视为最高质量标准的研究，因为研究对象涵盖了大量的学生样本并设立了随机对照组；（4）发现了在传统的基于考试的测评中，PBL 对所有组别的学生都产生了很积极的影响。以下是一些主要发现。

2 年级社会研究和读写能力

《测试项目式学习：在社会经济地位较低的学校环境下，项目式学习对 2 年级学生社会研究和读写的学习及动机的影响》（Duke et al.，2020）

- PBL 可以提高极度贫困社区学生的成绩。
- 与对照组相比，PBL 组在社会研究课上取得的成绩高出了 63%，在信息文本阅读方面则高出了 23%。

3 年级科学和社会情感学习

《项目式学习提高了小学生的科学成绩，促进了社会情感学习》

(Krajcik et al., 2021)

- 在一项科学评估中，PBL课堂的3年级学生的表现比传统课堂的学生要高出8个百分点。
- 研究人员"发现在整个州（密歇根州）的主要地区，在不同种族和民族构成、不同家庭收入状况的学校中，都存在这种积极的影响"。
- 研究发现，PBL对与科学学习相关的社会情感学习具有"显著而积极的作用"。"具体来说，学生更频繁地提及反思与合作的价值。"

"环境科学"和"美国政府与政治"两门大学先修课

《对"知识在行动"这门课的课程效能持续两年的研究》[Saavedra et al., 2021；由卢卡斯教育研究中心（Lucas Education Research）资助]

- 接受PBL教学方法的学生通过大学先修课程考试的比例比接受传统教学的学生高8%。在研究的第二年，该比例增加到了10%。
- 低收入家庭的学生和高收入家庭的学生拥有同等的收获。

你可以在pblworks.org网站的"研究"（research）板块找到更多信息和一些已发表的PBL相关研究结果。

关于约翰·哈蒂的研究

约翰·哈蒂（John Hattie）是澳大利亚墨尔本大学一位广受尊敬的教育学者。他在对影响学生学习的诸多因素和教学策略进行元分析时发现，"PBL"（指的是问题式学习）对学生的学习结果有负面影响。在"探究式学习"这个大类上，他也发现了类似的结果。许多项目式学习的支持者注意到，那些对项目式学习持谨慎态度的人都在引用哈蒂的研究结论。

但是我们并不认为哈蒂的发现与我们的 PBL 模型是冲突的，原因如下。

▶ 哈蒂研究的是问题式学习，而不是像黄金标准 PBL 那样严谨的项目式学习模型。典型的问题式学习实践（如更纯粹的发现式学习或探究式学习）更明确是由学生主导的，与我们的模式相比，教师在其中提供的指导要少得多。

▶ 哈蒂依据的是 2005 年以前的研究，这些研究主要来自医疗和护理学校这样的大专院校。早在 20 世纪 60 年代，问题式学习模式就是在这些院校中发展起来的。自 2005 年以来，更多研究开始关注 K-12① 阶段的项目式学习，且取得了喜人的成果。

▶ 哈蒂发现，问题式学习虽然在"积累事实性知识"（传统考试衡量的主要方面）上并非那么有效，但在理解原理、应用知识和提高知识记忆效果方面确实是有效的。

▶ 哈蒂发现了一些对学生学习很有效的教学实践，而这些做法实际上都出现在了黄金标准 PBL 中，比如：

* 提出较高的期望。
* 建立密切的师生关系。
* 提供频繁、有用的反馈。
* 有意识地教授学习策略。

---

① K-12 是 kindergarten through grade 12 的简写，是指从幼儿园（Kindergarten，通常 5—6 岁）到 12 年级（通常 17—18 岁，相当于中国的高三）共 13 年的教育。K-12 教育是美国基础教育的统称。另外，在美国很多小学，K-12 之前还有一个阶段叫作 pre-K（即 pre-Kindergarten 的缩写），设置这个阶段的目的是帮助孩子为正式进入学校做好准备。——译者注

※ 教师在 PBL 中的角色

本书各章是按照黄金标准 PBL 模型的七大项目式教学实践来编排的。

我们想通过强调"项目式教学"（project based teaching）这一概念来澄清人们对 PBL 的刻板印象，例如，当学生在独立完成自己选择的项目时，教师要退居幕后。这类 PBL 确实存在，它通常在高年级学生中更为常见。不过，本书侧重的项目是由教师引导和设计的，或者是师生一同设计的。这些项目涉及学生在团队中的合作，至少在项目的一部分中是如此。但即使是在学生独立完成的项目中，教师也是不可或缺的。他们扮演了引导者、资源发现者、进度监督者和内容专家的角色。

又如，采用 PBL 教学方法就意味着，教师必须放弃所有传统教学手段，再也不需要直接教学、讲授，也不需要教材、作业单、小测验或考试。事实上，教师可以在项目中使用这些工具和策略，但只有在必要的时候才可以，且要安排得当。比如，当学生需要理解一个特定的概念或掌握一系列事实性知识的时候，你就可以开展一次"小型讲座"。你可以把项目看作一个工具包，里面包含了上述实践方法，以及形成性评估、差异化教学、讨论式教学和工作坊。

话虽如此，但是在 PBL 的语境里，教师的角色确实发生了变化。如一个比喻所说的那样："学生是工人，教师是教练。"（Sizer, 1990）很多教师转向 PBL 时遇到的最大障碍之一，就是要在一定程度上放弃对课堂的控制，并且要信任学生。教师往往是"身边的导师"，而不是"讲台上的圣人"——尽管他们的学科知识和教学专长对项目的成功仍然至关重要。

需要注意的是，师生刚开始接触 PBL 时，教师通常需要做更多预先的计划和结构化的指导。随着经验的增加，在年龄和能力允许范围内，学生可以更独立地开展项目，甚至可以在教师的指导下选择项目的侧重点和产出何种成果。

还有一点需要注意：一旦教师适应了 PBL，他们通常会说自己"再也不会回到"传统教学方式了，因为学生在项目中积极投入，充满活力。他们能看到学生的收获，也享受自己的新角色。我们认识的许多教师甚至说，PBL 让他们重新感受到了"教学的乐趣"。

你在阅读以下七个教学实践时，请牢记上述内容。在传统的课堂上，你可能也会看到这些做法，但在 PBL 的背景下，它们得到了新的诠释。

项目式教学实践

设计与规划。 教师基于课堂的情况和学生的学情创建或改编项目，为项目从启动到收尾的实施过程做好规划，允许学生行使发言权和选择权。

与课标对应。 教师使用课标规划项目，确保项目涉及学科的核心知识与理解。

建立课堂文化。 教师直接或间接地促进学生的独立和成长，鼓励开放性探究，培养团队精神，提高对作品质量的关注。

管理教学活动。 教师与学生一同管理项目任务和进度，设定检查节点和截止日期，寻找和调用资源，创制作品并公开展示。

搭建学习支架。 教师采用多种多样的课程、工具和教学策略来支持每一个学生达成项目目标。

评估学生的学习。教师用形成性评估和总结性评估来衡量知识、理解和成功技能的达成情况，这些评估包括对团队和个人成果的自评和互评。

参与和指导。教师与学生一同参与学习和创作的过程，并判断学生何时需要培养技能，何时需要调整项目方向，以及何时需要鼓励和庆祝。

※ 教育公平与 PBL

所有学生都值得体验 PBL，并且在一定的支持下都能成功地做项目。PBL 可以让学生发生很大的转变，尤其是那些极度缺乏教育机会的学生。如果有意识且带着文化响应式思维①来开展 PBL，它可以成为促进教育公平的工具。

上面这三句话表明了我们对 PBL 与教育公平的基本观点。每一句都可以自成一章，在这里我们只是做一个小结。你可以查阅本书参考文献、PBLWorks 网站和网站上的 PBL 博客，获取更多教育公平和 PBL 的内容。

所有学生都能做 PBL

哪些学生应该获得 PBL 带来的学习体验？只有那些考试成绩足够好的学生吗？只有那些英语足够流利的学生吗？只有那些年龄足够大或"表现良好"的学生吗？只有那些在特殊学校学习或修习特色课程的学生吗？还是只在职业／技术类课程或选修课上学习，而不是在核心学科类课程上学习的学生呢？

---

① 文化响应式思维是文化响应式教学（culturally responsive teaching）的体现。它强调学生的不同文化和成长背景与认知之间的显性关系，并推崇在教学过程中重视发掘学生不同文化和成长背景，并利用这些不同来改善学习成绩，促进学习的主观能动性。——译者注

对于上述所有问题，我们的回答都是"不"。让我们一个个来看。

1. 考试成绩

通常来说，当学生被判定为"能力水平低下"时（主要通过考试成绩来评定），教师就会对他们进行直接教学，包括布置课后作业、讲授，分发作业单、"学习资料包"，安排小测验、考试以及教师一步步指导的"与课标对应"的课程。尽管大多数教师尽其所能地活跃课堂气氛，但这并不完全是一种吸引人的教学方式和学习方式，也不像其支持者所期望的那样有效（McTighe，2017）。它甚至被称为"死读书"，也被称为"贫穷的教学"（Haberman，1991），因为来自市区学校低收入家庭的学生往往接受的多是这种教学模式。很多有特殊需求的学生也是如此。

在这种情况下，还存在与学生教育目标有关的另一种不平等。传统的教学主要侧重于传授事实性知识和基本技能，然而在如今的经济环境下，一个公民需要的不仅仅是轻易就能搜索到的信息。既然 PBL 为培养诸如批判性思维、问题解决、沟通、合作、创造和项目管理这样的成功技能提供了机会，那么为什么这种教学法只能用于特定的学生呢？

对那些历来没有受到足够关注的学生，我们不应吝啬优质资源，也不应该对他们的能力抱过低期望。使用 PBL 并不意味着不为考试做准备；有证据表明，与接受传统教学的学生相比，接受 PBL 教学的学生在考试中表现更佳（参见前文"PBL 的有效性：研究告诉我们什么"部分）。一提到 PBL，人们往往认为它很有趣，但学术上并不严谨。而实际上，我们的黄金标准 PBL 模型是很严谨的，它强调设计和管理与课标相对应的项目。

2. 语言能力

对于英语非母语的学生来说也是如此。他们也应该有机会接受 PBL 教学，而不仅仅是直接教学。PBL 为学生提供了在真实场景中练习口语和听力的机会，也使他们在与同伴的团队合作中体验真实的阅读和写作。这并不是说教授语言就不需要直接教学了。你可以在一天或一周的部分课时结合使用 PBL 与传统的读写教学，也可以将技能强化课纳入一个 PBL 项目。你会在阅读本书的过程中有更多的发现。

3. 年龄或"成熟"度

有时我们会听到老师说，PBL 听起来很棒，但我的孩子们应付不来。他们年纪太小了，还不够成熟，不具备团队合作或脱离老师独立开展学习的能力。他们缺乏必要的技能、习惯或思维方式。

的确，那些年幼的学生需要更多的支持，但我们已经在幼儿园至小学低龄学段看到了很多 PBL 的成功案例。对于有特殊需求的学生也是如此——只要有适当的支持，他们也能做 PBL。相反，如果高年级学生在学校只是安静地排排坐、听老师讲课，只知道按指令学习，记住知识性信息，然后在考试中将它们还原出来，那他们就没有为 PBL 做好"准备"。

让学生从被动的学习者（他们也可能会中途辍学）转变为主动的学习者，去提出问题、寻找资源，并完成高质量的作品，不是一朝一夕的事。建立有利于 PBL 的课堂文化，培养成功开展 PBL 所需的技能和习惯，可能需要不少时间。对此，我们会在第三章《建立课堂文化》以及第六章《为学生搭建学习支架》中做进一步探讨。

4. 特别的课程

PBL 常常与特别的课程和特殊的学校联系在一起。特别的课程有许多不同的名称：应用学习班、天才教育、设计实验室、创客空间、"天才时间"和"个人兴趣项目时间"。特殊的学校包括校中校、特许学校和独立的进步主义学校。也许，一个学区只有一所学校会开展 PBL。

这类课程对参与的学生当然是有益的，这些特殊的学校也常常有示范性项目、框架和实践经验可供其他学校学习，所以都有其存在的价值。但是我们相信，PBL 也适用于普通学校的"常规"课程，否则，它将无法惠及许多最需要它的学生。同样，PBL 也能够且应该应用于所有学科，尽管在不同的课堂（比如数学和社会研究）里它的使用频率和设计可能会有所不同。本书将从各个学科中选取案例和指导内容。

PBL 可以成为学生转变的契机

许多学生，特别是有色人种的学生，往往认为学校是个令人沮丧甚至压抑的地方。他们在白人主导的社会中所面临的不平等，也同样出现在我们的教育系统中。学校里常见的课程和教学方法与他们的文化或身份认同不相关。因此，他们可能在学校和生活中都会有一种无力感。

试想 PBL 可能对这些学生产生什么样的影响？想象这样的情景：他们在学校的这几年里成功完成了一个或多个项目，在项目中他们发现并解决了所在社区中真实存在的问题，他们回答了一个对自身很重要的深刻问题并发出了自己的声音，他们因完成高质量工作而得到校外成人及专家的认可，甚至得以与他们合作——这将多么振奋人心！

学生也可以通过做项目来培养职业兴趣，并在过程中积累未来求学或取得职场成功应具备的能力，比如解决问题、团队合作、项目管理、与不同的人沟通交流的能力。

PBL 与文化响应式教学相结合

文化响应式教学是一种强调在学习的各个方面都要考虑学生文化背景的教学法（Ladson-Billings，1994）。它有三个维度：机构层面（学校组织、规章政策和办事程序）、个人层面（教师如何学着做出文化响应），以及教学层面（可以融入 PBL）。

如何在 PBL 中体现文化响应式教学，可参考以下方面。

▶ PBL 教师在设计项目、建立课堂文化、鼓励学生参与和指导学生时，会尊重并利用学生所在家庭的"认知资源库"①。

▶ PBL 课堂文化的主要方面包括提出较高的期望、培养成长型思维、做"温暖的要求者"（更多内容详见第七章《学生的参与和指导》）以及强调高质量的工作。

▶ PBL 教师的教学策略各不相同，其中一些策略可能为特定文化群体所偏爱，例如合作学习。

▶ 项目聚焦的问题和概念可以涉及或适用于学生社群或学生所在的文化群体。

▶ 鼓励学生在 PBL 中主导自己的学习，并与其他学生合作。

摘自布朗大学教育联盟（The Education Alliance）的相关材料。

◆◆◆

※ 远程学习与 PBL

2020 年春天，学校纷纷在新冠肺炎疫情期间关闭了校园。教师在弄明白如何使用视频会议和其他技术工具来开展远程学习之后，注意到了一些问题。许多学生无法很好地参与只是被简单搬到线上的传统教学。他们没有动力在电脑前听课、完成在线作业和课后作业。他们中的许多人可能原本在传统课堂上就无法积极参与，但如果没有老师的面对面指导或与同学的互动，这种情况就更加明显了。

另外，我们也听到许多使用 PBL 进行远程教学的教师汇报说，学生依然能够很投入地参与学习。这些学生会参加会议，与教师交流，和同学们一起使用技术工具，而且他们对于应对真实世界的话题以及解决与所处

---

① 认知资源库（funds of knowledge）是指一个家庭或个人日积月累的知识及技能。——译者注

社区和生活相关的问题很感兴趣。不是所有的项目都能用于远程学习，但只要恰当调整、使用合适的工具和策略，许多项目是可以做到的。

PBL 之所以在远程学习或混合式学习的环境下完全行得通，是因为：

1. 在 PBL 中使用的许多做法都比较容易转换到线上教学环境，如全体会议之后的分组讨论、批判性反馈规程[①]、讨论板和项目管理策略。学生和教师对如何使用技术工具来管理工作、合作交流以及创作作品可能都已经驾轻就熟了。

2. 能够真实反映现实世界的问题，以及与学生的生活息息相关的项目，天然具有激励作用。美国和世界面临的问题和当下的议题——从流行病到收入不平等，到种族正义，再到气候变化——为这类项目提供了许多契机。不是每个项目都适合搬到线上（例如致力于通过团队合作打造有形作品的项目，或者需要在特定地理位置进行的项目），但很多项目都可以。

3. 在 PBL 中，教师并不控制课堂上发生的一切。PBL 文化强调学生的独立工作、与团队的合作，以及以学生提出的问题为导向的探究。这些都可以很好地适应在家上网课的场景——在这一场景中，教师尚且无法像在教室里那样经常观察和指导学生，更不用说需要工作的父母或看护人了。

4. PBL 真实性的一个关键方面是与课堂外的观众、专家和机构建立联系。在家做项目的学生已经在线上开展工作，并使用技术工具进行交流与合作了。他们觉得与待在学校时相比，他们建立这些联系更容易，也更自然。

我们之所以说 PBL 是远程学习的好方法，还因为它为学生提供了社会情感支持，这在学生的生活被打乱且充满不确定性的时期尤为需要。正

---

① 规程（protocol）是一种步骤明确的操作流程。使用规程进行讨论，能聚焦讨论的内容并促进学生的反思。——译者注

如 PBLWorks 的劳琳·亚当斯在一篇博文中所说:"当下,我们比以往任何时候都更有必要发展一种人性化的教学法。学生需要感到安全,需要被关心和被理解。"(Adams,2020)

社会情感学习与PBL

如今,许多教育工作者除了关注学生的学业需求之外,还在关注他们的社会和情感需求。根据学术、社会和情感学习联合会(Collaborative for Academic, Social and Emotional Learning, 简称 CASEL)的说法,"社会和情感素养是可以被教授、示范和练习的,它可以给学生带来积极的影响,而这些影响对学生在校内外取得成功都很重要"。此外,CASEL 还认为社会情感学习"有助于建立公平的学习环境"。

CASEL 为社会情感学习建立了一个包含五大"核心素养"的框架,下表展示了它们是如何与 PBL 相对应的。

社会情感素养	该素养在 PBL 中的展现
1. 自我意识 能理解自己的情绪、想法和价值观,及其在不同情境下会如何影响自己行为。	学生 • 将感受、价值观和想法联系起来。 • 体验自我效能。 • 明白拥有成长型思维是课堂文化的一部分。 • 培养兴趣和使命感。
2. 自我管理 能在不同情况下有效地管理自己的情绪、想法和行为,并达成目标和期望。	• 运用规划和组织技能。 • 积极主动。 • 展现出个人和集体的能动性。 • 设定个人和集体的目标。

社会情感素养	该素养在 PBL 中的展现
3. 负责任的决策 能在不同情况下对个人行为和人际互动做出关爱他人和建设性的选择。	• 被鼓励拥有好奇心和开放的心态。 • 学习利用信息、数据和事实做出合理的判断。 • 找出问题的解决方案。 • 认识到批判性思维能力的作用。
4. 人际关系技能 能建立并维系健康、互助的关系，并能有效地与不同的个人和团体打交道。	• 学习有效沟通。 • 练习团队合作和协同解决问题。 • 在团队中展现出领导力。 • 必要时寻求或提供支持和帮助。
5. 社会意识 能理解不同的观点，能与来自不同背景、文化和环境的人共情。	• 换位思考。 • 发现他人的长处。 • 表现出同理心和同情心。 • 认清不同形势下的需求和机会。

来源：www.casel.org。

　　黄金标准 PBL 模型中的项目式教学实践回应了发展人性化教学法的呼吁，特别体现在"建立课堂文化"与"参与和指导"这两方面。卓有成效的 PBL 教师注重培养与学生的关系；他们很了解学生，可以设计和学生相关的项目并扮演"温暖的要求者"这个角色。他们会根据学生的长处进行教学，并不断发掘他们已有的认知资源库（Maitra，2016）。他们关心学生正在经历的和将要面临的挑战，在有需要的时候提供支持，并在整个项目中经常性地提供有帮助的反馈。

　　在本书的各个章节，你可以在"用于远程学习"板块中找到更多有关如何在远程学习中使用 PBL 的信息、建议和有用的技术工具。

※ 为什么 PBL 适合这个年龄段的学生

在前文"PBL 的有效性：研究告诉我们什么"部分中，我们引用了最近的两项研究，研究显示接受 PBL 教学的 2 年级、3 年级学生比接受传统教学的学生考试成绩更好。这可以从侧面说明 PBL 有益于低龄段学生。关于 PBL 如何提高考试成绩，我们还需要进一步探索，但我们认为，这一目的不及使用 PBL 的其他原因重要。

我们通常认为，PBL 具有的优势也适用于 K–5 阶段的学生。PBL 让学生能够深入挖掘重要概念和技能，而不是专注于浅层的学科知识，并能更好地记住和迁移所学内容。尽管学生在迈入职场之前还有很长的一段路要走，但是 PBL 能够培养他们的 21 世纪成功技能，帮助他们的继续教育之路走得更好。PBL 让学习更有吸引力，因为它不仅对学生个人而言很有意义，而且与真实世界紧密相连。

此外，PBL 特别适合小学生，因为 PBL 还可以提供以下机会。

支持并深化读写和数学教学

项目有助于关联和深化学生在读写和数学课上所学的知识。在做项目的过程中，学生可以练习那些整合在课程单元和嵌入各个学科的基本读写技能。项目让学生在真实的、相关的场景中不断练习重要的读写技能。在参与有关个人和真实世界的项目时，学生就会产生阅读和运用数学的动力。（了解更多 PBL 读写教学相关内容，请参阅本书第 48 页的"读写园地"部分。）

关联与迁移学科知识和技能

PBL 是一种关联与迁移学科知识和技能的有效方法，因为它能促进学科间的整合。学生可以了解知识和技能之间的关系，而不是将一天所学任意分割成孤立的几个部分。

促进同伴交往，培养社会情感技能

大多数孩子天生擅长社交，喜欢和同龄人一起做事。通过项目中的合作，学生可以学会表达思想、倾听、分享、妥协和尊重。他们将有机会进行反思、增强自我效能、培养独立自主的精神。这些社会情感素养能为学生在求学期间甚至今后的生活中取得进一步的成功做好准备。

做真实的工作，了解当地社区

这个年龄段的孩子对家庭和学校以外的世界充满了好奇和探索的渴望。他们日渐了解自己的邻居、自身所处的社区、城镇和城市，乃至所在的州、国家和更广阔的世界。项目可以把孩子带出教室，也可以把外面的世界带进课堂，让学生有机会了解成年人怎样工作、世界如何运行和他们如何参与其中。项目为学生打开了一扇窗，让学生能够了解与自己不同的观点，从而使他们更具同理心，并提升其全球公民意识。

建立能动性和自信心

成年人或年纪大一点儿的孩子总是会替年幼的孩子做决定，喜欢指导他们的行动，然而这样做常常会让年幼的孩子感到无能为力。通过 PBL，年幼的孩子开始明白自己也可以行使权力，也有一定的发言权和选择权。如果学生做的项目能够对其他人，他们所在的学校、社区或更广阔的世界产生影响，那么它就可以极大地增强学生的效能感。学生会逐渐认识到自己是问题解决者、思考者、发问者和合作者。

玩耍

在孩子学做手工、实地探索或进行团队活动等时候，项目也可以包含游戏的元素。孩子们知道玩耍是很重要的事。但不幸的是，我们大多数人在学校里并没有学过如何玩耍。玩耍是很开心的事情，恰巧也是一种非常棒的学习方式。PBL 为学生创造了许多机会，让他们能以有意义的方式进行玩耍，同时促进自己的学习。

※ 在往下阅读之前

阅读本书时，请留意以下特别板块。

 PBL 专家小贴士

这一板块是来自资深 PBL 教师的建议。

> 用于远程
> 学习

这一板块是关于如何在线上或混合式学习环境中开展项目的说明，包括如何使用有用的技术工具。

特别关注

这一板块会穿插全书，均是特别值得关注的话题。

本书中，我们将以两个"样板项目"为示例。一个是"社区英雄"（幼儿园至 2 年级），另一个是"一切准备就绪"（3 年级至 5 年级）。这两个项目均选自 pblworks.org 上的"项目库"（Project Library）。相关概要详见本书第 73、74 页。你可以在 pblworks.org/handbook 上找到完整的"项目规划表"，其中包括了项目的详细信息。

准备好深入了解如何设计黄金标准 PBL 项目并成功实施了吗？请继续阅读吧！

第一章

设计与
规划项目

设计与规划项目很有意思，虽然这需要花一定的功夫。完成项目的设计与规划需要时间，因为你不是只设计几节课，而是创建一个完整的教学单元。不过也不要气馁，你可以从一个相对简单的项目开始，然后再去做更大、更复杂的项目。你还会发现，其实可以利用许多熟知的教学实践，甚至是一些已经使用过的教案和材料——你要做的只是在 PBL 的脉络下重构它们。

在 PBL 方面的经验越多，设计和规划项目就越容易。你会理解一个高质量项目的核心元素，知晓一些捷径，并慢慢地在过程中更好地体会到哪些方面是可以由学生自己去做的，而哪些方面是你要处理的。但是，在刚开始的时候，你需要确保留出足够多的时间来进行设计和全盘规划。

对于想要实践 PBL 的教师常常面临的规划和"时间"问题，还有一点需要注意：前面你花在规划上的时间，会在后面项目实施的环节给你省出更多的时间。有了可靠的计划，你将会发现，在项目实施过程中，你有时间对学生做出更积极的回应。与传统教学中匆忙备课和上课的日常节奏相比，在项目上花的时间会让人感觉更有意义，甚至有时会让人觉得很放松，时间很"充裕"。

项目式教学评价量规中的"设计与规划"

▶ 项目包括了项目设计评价量规中的所有项目设计核心要素。

▶ 详细而准确的规划包括教学支架、对学生学习的评估和项目日历。项目日历要有灵活性，以满足学生的需求。

▶ 在最大程度上预先考虑好项目所需的资源，并且尽可能提
  前安排好这些资源。

※ 项目规划表

本书的附录中有一份"项目规划表"，其电子版在 pblworks.org 上也
能找到。本章将解释如何理解项目规划表的四个部分。

项目概述
项目的基本构
思、驱动性问
题、主要作品
和时间框架。

学习目标
有针对性的课
标、关键词汇、
读写能力和成功
技能。

项目里程碑
重大的时刻或阶
段，通常带有形
成性评估。

项目日历
项目中的日常
活动。

有更简单的项目设计路径吗？
——改造现成的项目

虽然本章探讨的是如何从头开始设计你自己的项目，但你可
能想用更简便的方法，希望借鉴别人设计的项目。如果项目是精
心设计的，也就是说项目突出了黄金标准 PBL 模型中的七个项
目设计核心要素，这样做就可以节省时间并有助于确保项目的质
量。所以，要仔细检查项目，看看你是否需要添加或加强某些元

素。通过本章的阅读，你可以了解在寻找项目的时候需要注意什么，以及如何规划项目的实施细节！

请注意，即使你找到了一个好的项目，也需要进行调整，以便它既能够吸引学生，使其从中受益，又便于你有效开展工作。

▶ 考虑你的学生：他们的长处、需求、兴趣、已有知识、文化背景、能力和语言技能等。

▶ 考虑你所处的环境：社区和学校的物资和人力资源、日程安排、天气、潜在的合作伙伴和与社区问题的真实联系等。

▶ 考虑你的项目内容：课标、毕业生画像所描述的目标成果、课程进度指南、学生的已有知识和课程资源——你需要教授什么，以及学生在学习中需要什么样的支持。

有许多可用的项目资源，pblworks.org 上的项目库是其中最好用的资源之一。你可以研究一下其中的"项目设计器"（Project Designer）。这一工具有助于你对项目库中已有的项目进行调整和修改。

◆◆◆

※ 项目设计核心要素

首先，让我们更详细地了解一下 PBLWorks 制定的黄金标准 PBL 模型中的七个项目设计核心要素。在你设计和规划项目时，请把它们记在心中。在本章和其他章中，我们会时时提及这些要素。在附录中，你可以找到一个完整的"项目设计评价量规"。这一评价量规描述了三个水平的项目设计：高度融合所有核心要素的项目、虽涵盖了这些要素但仍需进一步提高的项目和缺乏某些核心要素的项目。下面的表格展示的是最高水平的项目设计指标。

项目设计评价量规

项目设计核心要素	指标描述
具有挑战性的问题或疑问	• 该项目聚焦于一个核心问题或疑问，难度适当。 • 该项目设定了一个驱动性问题，该驱动性问题符合以下标准。 - 具有开放性，有不止一个可能的答案。 - 容易理解且具有启发性。 - 与学习目标对应；要回答这个问题，学生需要获得目标知识、理解和技能。
持续探究	• 探究是长期持续的，且具有学术严谨性（学生提出问题，收集并解读数据，制定和评估解决方案或为答案寻找证据，并提出进一步的问题）。 • 整个项目中的探究是由学生提出的问题驱动的。
真实性	• 项目拥有真实情境，涉及真实世界的任务、工具和质量评判标准，会对世界产生影响，与学生的个人关注点、兴趣或身份相关。
学生的发言权和选择权	• 学生有机会在重要事项上表达想法和做出选择（比如调查的主题、提出的问题、使用的文本与资源、合作的对象、创作的作品、时间的利用及任务的组织）。 • 学生有机会承担重大的责任，并在教师的指导下，恰当地独立开展工作。
反思	• 在项目期间和结项之后，学生与教师对学习内容、学习方式、项目设计、项目管理进行了周密、全面的反思。
批判性反馈和修改	• 对于作品质量和进行中的任务，学生有机会定期且步骤明确地给予并接收反馈。这些反馈来自同伴、教师以及适合的课外人士。 • 学生会利用反馈来修正和改进他们的作品。
公开展示的成果	• 学生通过向课外人士介绍、展示，或供其使用的方式来公开作品。 • 教师要求学生解释他们做出某些选择的理由、探究的过程、开展项目的方式以及学习的收获等。

※ 开启项目设计的不同方式

在设计项目时，常有教师会问一个先有鸡还是先有蛋的问题："我是从课程内容或课标入手，还是从一个能吸引学生的点子入手？"答案是两种方式皆可。

有时候你（或学生）会突然想到一个点子、一个驱动性问题或一件想要创作的作品，然后再决定将哪些学习目标和这个项目关联起来。也有时候，你会从学生要达到的学习目标开始，然后据此构思一个项目，让学生可以在过程中展现出对学习目标的达成情况。我们会在第二章《与课标对应》中详细介绍这种方法。

让我们先来谈谈如何获得项目的创意。这些创意可以来自各种各样的灵感。

将课程中的现有单元重新设计为一个项目

也许你的课程中有一个单元，会让学生觉得特别有趣（或者不太有趣，你需要把它变得生动起来）。你可以在其中添加一个或多个项目设计核心要素，将这个单元转变为一个项目。例如，思考一下课程的内容如何与真实问题或公开展示的作品联系起来。

让学生帮忙解决社区（或其他地方）的真实问题

有时，这些问题会自己送上门来：传播全球的流行病、校园霸凌行为的增加、当地水路的污染、对社会不公问题的抗议。有时，你和学生可以寻找问题：社区内的流浪汉、当地企业在营销方面所需的帮助、有待减少的家庭和企业垃圾。你也可以与非营利组织合作，引入他们正在努力解决的问题。

利用时事热点、流行文化和学生的兴趣

这里就有很多可能性了——关键是要了解你的学生。你需要了解他们喜欢什么社交媒体、技术、网站、书籍、电视、电影和音乐。你也可以与他们交谈或进行问卷调查，找出他们在生活中遇到的问题。如果有重大新闻出现，想想学生能做些什么或者想要做些什么来回应。

让你的学生尝试解决专业人士面临的问题

这可能是一个实际问题，也可能是为再现这一问题而创设的一个场景。例如，学生可以在成本、承载量和安全性等限制条件下，为一个特定的地点设计一座桥梁。再如，他们可以制作公益广告，或发起一场社交媒体宣传活动，来帮助市政府改善回收利用问题。问问你的家人和社区里的人，了解他们的工作内容——这些对话可能成为丰富的项目创意库，有时甚至会获得出人意料的效果！

利用你自己的热情和兴趣

除了学生的兴趣，你自己的兴趣也可以成为一个项目的灵感。也许你非常关注有关社会公正的问题，想要针对某个重要议题采取行动。也许你喜欢读同人小说，那么你就可以让学生参与同人小说的写作，并将其发布到网站上。或者如果你喜欢运动，你就可以让学生参与一个数学项目，通过比较球员和球队的数据来预测谁会是赛季赢家。不过要注意的是，不要"让项目以你为中心"——学生必须觉得这是他们自己的项目。如果他们还没有对某件你热衷的事感到兴奋，你就要想办法吸引他们，或者另找别的话题。

※ 项目的种类

这是看待项目可能性的另一种方式。只要项目包括了项目设计核心要素，它的形式就可以是多种多样的。下面我们整理了五种类型的项目，并配有来自 PBLWorks 项目库的例子。

对哲学问题的探索

■ 在"革命之声"这一项目中，学生制作了播客，来探讨"美国革命是否不止两面性"这个问题。他们从殖民地首领、英国人、法国人、土著人、被奴役的非洲人以及殖民地各社会阶层成员的角度来进行思考。

■ 在"社区英雄"这一项目中，幼儿园至 2 年级的学生探索了这样一个问题："怎样才能成为社区英雄?"学生首先阅读了关于历史英雄和现代英雄的书籍，然后围绕他们的事迹进行讨论，最后找出当地有哪些英雄人物，用绘画、雕塑、拼贴或其他艺术媒介来创作英雄肖像，同时附上一段说明，解释这位英雄是谁，他 / 她为社区做出了哪些贡献。

PBL 专家小贴士

与学生一起设计项目，而不是为学生设计项目

许多有经验的 PBL 教师都喜欢让学生参与项目的设计和规划。这可以让学生建立一种主人翁意识，推动学生做他们自己感兴趣的高质量的项目——这是一种强大的学习体验。

学生可以通过多种方式参与项目的设计和规划。

> ▶ 在入项活动之后，师生共同撰写一个驱动性问题。

> ▶ 教师引入话题，看看什么能激起学生的兴趣。

> ▶ 在学生所在的社区中寻找需要解决的问题。

> ▶ 找出时事新闻、文化趋势或学生的生活中可能成为项目焦点的重要议题。

> ▶ 规划完成项目的过程（这是一个教授项目管理技能的好方法）。

> ▶ 决定主要项目作品以及如何公之于世。

对历史事件、历史时期或自然现象的调查

- 在适用于 3 年级以上的"社区摄影记者"这一项目中，为了回答这样一个问题："作为摄影记者，我们如何讲述社区中不为人知的故事？"学生需要寻找与他们所在社区相关的主题和话题。他们对社区成员进行了采访，并创作了影像式小品文①，来直观地记录当地的文化和社会故事。

- 在适用于 pre-K 至 1 年级的"形状的艺术"这一项目中，学生要解决的问题是："我们如何从周围的事物中获得艺术的灵感，并与他人分享呢？"他们学习了周围世界中存在的不同的几何形状，还随身携带素描本记录这些形状，创作艺术作品，然后举办了一个"形状画廊"活动供大家参观。

---

① 影像式小品文（photographic essay）是一系列的图像选集。它按照特定的顺序排列，以描绘一系列事件、感受和思想，能够引起观众一连串情绪。它的形式可以是有图片说明或小段评论的摄影作品，也可以是带有照片或文字的完整论述。——译者注

解决问题的情境

- 在适用于 3 年级至 6 年级的"减少我们的足迹"这一项目中,学生要使用测量和分数的概念,还要收集数据来开发、实施和监控行动方案,以减少家庭对环境的影响。
- 在适用于 pre-K 至 2 年级的"室内休息路径"这一项目中,学生要设计并创建一套室内的感观路径①,供所有学生在休息的时候进行室内活动。学生要了解待在室内的原因,跟踪天气和气温状况,进行问卷调查,以便找出各年龄段孩子的喜好,并写出教他人使用该路径的指南。

对争议性问题的研究

- 在适用于 3 年级及以上学生的"标记历史,创造历史"这一项目中,学生要回答这样一个问题:"作为历史学家,我们如何发掘并分享关于我们社区的故事呢?"他们研究了自己所在社区或地区的历史,记录和分享了在当地社区中共存的多种(有时是相互冲突的)历史。
- 在适用于 3 年级的"物种生存"这一项目中,学生要调查现在濒危或受到威胁的本地原生物种。他们要确定此物种不再繁盛或濒临灭绝的原因,以及采取怎样的保护措施,然后将这些信息传达给更广泛的社群。

---

① 感观路径(sensory path)是训练低龄儿童的感观和身体平衡、空间意识等运动技能的一种方法。它的形式多样,通常是用五颜六色的画笔、贴纸在地上创设由图形和游戏组成的小路,类似于"跳房子",使孩子能够完成复杂的、多阶段的任务。——译者注

设计、规划或创造事物的挑战

- 在"谜团已解!"这一项目中,学生以书面文本或图像小说的形式创作和发表神秘故事,然后在社区活动中向大家分享。
- 在"创造空间,做出改变"这一项目中,学生重新设计社区空间,以创造一个可持续性的环境。这些社区空间可以是公园、图书馆、公共广场、空地或社区中心。
- 在适用于 3 年级至 5 年级的"红色星球之旅"这一项目中,学生探索太空旅行的历史和火星探索的科学,发现其中潜在的问题,并尝试一些发明来解决这些问题。

值得注意的是,要设计一个"真实"的项目,我们要从更广的视角思考"真实"这个词的含义。一个项目可以通过多种方式确保真实,并且这些方式常常会结合在一起。包括引入真实世界中的流程、任务和工具以及表现标准,例如,规划一项实验研究,或使用数字化编辑软件制作接近专业水平的视频。当项目涉及学生自己的关注点、兴趣、文化、身份和生活中的问题时,就会具有个人真实性。对学生最有影响力的项目,常常就是那些真实的项目,因为它们会对人们产生真正的影响,例如,让学生满足他们学校或社区的某种需求,或者创造一些将会被他人使用或体验的东西等。

项目也可以建立在真实的情境之中,比如学生在项目中需要解决的问题也是校外人士所面临的问题(例如,企业家制订一份商业计划、工程师设计一座桥梁、律师为一个案件做辩护)。这种真实性为模拟留下了空间。对于某些主题来说,模拟可能就挺不错的(或者是你力所能及的)。例如,"模拟审判""模拟立法"和"模拟选举"这些经典的公民教育项目就属于这一类。或者,学生也可以扮演一个角色,比如向总统建言献策的顾问、为一家公司提供环保建议的咨询顾问,或者为小户型提供设计方案的建筑师。

设计跨学科项目

　　小学教师通常一个人负责教授几个学科，这是一种挑战，但也是一种机遇。虽然许多中学的 PBL 教师很想多做一些把学科整合起来的项目，但考虑到学校的日程安排和部门的结构，这样做其实是很困难的。在 K-5 阶段，这样做就非常合适！由于许多现实世界的主题和问题都是复杂且具有多面性的，学生需要通过科学、社会研究、艺术的学习，使用阅读、写作和数学技能来解决。我们在本书中关注的两个项目"社区英雄"和"一切准备就绪"，都是跨学科项目。你也可以在 my.pblworks.org 的项目库中找到更多案例。

◆◆◆

※ 设立学习目标

　　在我们的"项目设计核心要素"和"项目式教学实践"示意图的中心位置，是学生的学习目标。这些目标被置于中心是有原因的。就像照相机镜头的焦点一样，学习目标是整个项目和教学的关键。

　　以下是我们在设计项目时强调的三种学习目标。

核心知识

　　学习目标可以从你所在的地区、州或国家的学科标准和课程指南中提取，也可以根据你自己在某个学科的专业知识来制定。关键词是"核心"——项目应该聚焦于特定学科中真正重要的课标，有时被称为"优先标准"，因为它们更多地出现在高风险测试中。（有关为项目选择课标的更多内容，请参阅第二章《与课标对应》。）

如今，美国各州采用的大多数课程标准，远非事实性知识——它们强调更深层次的理解、学科思维和在现实世界中的应用。美国共同核心州立课程标准（CCSS）[①] 中的数学和读写能力、C3 社会研究课程框架 [②] 和新一代科学教育标准（NGSS）[③] 都是如此。NGSS 包括了与工程的联系，真正的 STEM 教学就应如此。这些课程标准与 PBL 的匹配度很高，所以你在为项目选择学习目标时，可以参照这些标准。例如：

- CCSS 数学实践标准：4. 数学建模。精通数学的学生可以运用他们知道的数学知识解决日常生活、社会和工作场所中出现的问题。

- C3 社会研究课程框架国家标准：有理有据的探究包括四个维度。1. 提出问题、做好规划；2. 运用学科概念和工具；3. 评估信息来源、用证据证明；4. 传达结论、采取明智的行动。

- 新一代科学教育标准：科学与工程实践。1. 提出问题（科学）和定义问题（工程）……3. 计划和开展研究……6. 建构解释（科学）和设计解决方案（工程）；7. 参与基于证据的论证；8. 获取、评价和交流信息。

---

① 美国共同核心州立课程标准（Common Core State Standards，简称 CCSS）是按照美国大学招生要求制定的教学大纲，涵盖了 K-12 各个年级的英语语言艺术和数学课程标准体系。该标准于 2010 年起在全美各州推行，其目的在于培养有批判性思维和创新能力的 21 世纪美国公民，让学生在高中毕业时为上大学和就业做好充分的准备。——译者注

② C3 社会研究课程框架（College, Career, and Civic Life Framework for Social Studies State Standards）是全美社会研究委员会为进一步加强社会研究课程教育，解决社会研究在基础教育课程体系中被边缘化的问题，于 2013 年修订并颁布的社会研究课程国家标准。该标准贯穿并衔接幼儿园、小学、初中、高中阶段，强调社会研究课程应该为学生的大学生活、毕业后的职业选择以及未来的公民生活做准备。——译者注

③ 新一代科学教育标准（Next Generation Science Standards，简称 NGSS）是美国在《K-12 科学教育框架：实践、跨学科概念和核心概念》三个核心概念基础上建立的面向 K-12 阶段的全国性教育标准，旨在改善所有学生的科学教育。——译者注

理解

理解的目标可以从学科标准和课程指南中提取，也可以从你自己的知识和专长中提取。项目要聚焦于重要的概念——那些学科或课程的核心概念。它们应该是有深度的、复杂的，并且是学生要学习很长一段时间的。这些目标有时被称为"持久理解"（enduring understandings），它们构成了学科中的"大概念"，赋予了学科意义并具有持久的重要性（Wiggins & McgTighe，2012）。以下是一些例子。

- **英语语言艺术。**为了理解文本内容，你需要与文本及其作者"交谈"，向他们"提问"。
- **数学。**数学思想可以用数字、图形或符号来表示。
- **科学。**科学用观察、提问和实验来解释自然世界。
- **社会研究。**了解存在于家庭之间和当地社区内部的多样性，可以让我们从不同的视角来评价问题。
- **艺术/人文。**人们创造艺术来表达他们的想法和感受。

成功技能

在当今世界生存，仅靠事实性知识和概念性理解是不够的。在学校里，在现代职场中，在公民所生活的社会中，人们需要批判性地思考和解决问题，与他人良好合作，与不同的人沟通，进行创造性和创新性的思考，并有效地管理自己的工作。我们把这些能力称为"成功技能"，它们也被称为"21世纪素养""全校性成果"或"大学和职业准备技能"。

这些能力通常出现在学校和学区的愿景宣言中，或者出现在"毕业生画像"的描述中。然而，人们通常很难将其与具体的教学实践联系起来，而这恰恰是PBL的作用所在。PBL是学习和训练这些能力的完美载体。如果不能明确强调成功技能的培养，也没有评估和记录的方法，学校就无法确定学生是否真正学到了这些素养。于是它们就会沦为没有计划的期许，变成留在墙上的口号。

设计项目的时候，要明确地以成功技能为目标，但目标不要太多，否则你将无法针对所有目标进行教学，学生也没法知道应该专注于哪些方面。一些项目即使会涉及较多的成功技能，但是你在教学和评估时仍要着重于一两项技能。在计划一学年或一门课程的所有项目时，你可以列出各个项目指向的成功技能。例如，有的项目天然适用于创造力的培养以及创新的过程。而有的项目，或许在学年或课程的初期，则可以用于培养批判性思维。随着后续项目的展开，这一技能可以得到进一步加强。沟通和团队合作能力也是如此。

在继续往下阅读之前，我们要指出，在设计项目时，还有另外一些你可以考虑的学习目标，比如"思维习惯"——坚持不懈、灵活思考、承担风险、质疑和提出问题（Costa & Kallick，2008）。另外，你还可以将你个人觉得有价值的内容设为学习目标，或者从学校或学区的使命 / 愿景宣言中提取。例如培养跨文化素养、全球意识和公民意识等。即使你可能没有明确地教授和评估这些目标，学生们仍然可以反思，并记录这些目标的达成情况。

※ 读写园地

阅读和写作的教学对大多数小学教师来说都是首要任务。可喜的是，PBL 与读写教学是兼容的，原因如下。

1. PBL 给读写教学带来了附加值，真实的项目为学生进行读写提供了理由，让读写变得有意义。
2. PBL 为学生构建了学科知识，提高了学生对文本的理解力。
3. PBL 为学生提供了阅读各种信息文本的机会。这点很重要，因为它不仅是课标中的一大块内容，还对普通生活很有价值，而且通常在小学课程中占比不足。

4. PBL 为口语和听力教学创造了机会。在识字教学中，这两个方面有时会被人们忽视，或者至少在传统教学中缺乏针对两者的明确、系统的教学。

在此我们对在小学项目中纳入读写能力提出了基本的建议。不论学科的重点或教学时间的安排怎样，每个项目都应该：

- 为孩子提供阅读各种文本的机会，帮助他们建立背景知识，找到问题的答案。
- 包括至少一个精心构思的书面作品，与年级课标中的写作体裁一致。

PBL 与学校读写课程教学模式的结合

现在的许多小学为了达到承诺的目标，都会采用严格的读写课程教学模式。但也有些读写课程则更灵活，允许教师添加自己的材料或与其他教学策略结合。那么在不同的情况下，在何处融入 PBL 呢？我们一起来看看以下三种可能性。

1. 相当灵活的读写课程教学模式：与 PBL 完全融合

项目贯穿于全部学习生活和课程中，可以纳入包括读写课程在内的所有学科。

一些学校把 PBL 作为教授所有学科内容包括读写课程在内的一种载体。在这样的学校中，学生可能一整天都在做项目。与照本宣科的商业化阅读课程不同，这类学校的读写课程结构较为均衡，突出了教师在选择教学策略和教学材料方面的作用。项目通常会聚焦于社会研究或科学，但也会关注文学并整合艺术。有些读写技能可能会分开教授，特别是在小学低年级段，但是还有一些读写技能会在项目中教授。例如：

- 阅读和写作工作坊将与项目任务联系起来。
- 学生通过阅读获得项目所需的知识。
- 学生通过写作描述学习经历、创建作品，并对项目进行反思。

罗恩·伯杰在《追求卓越的道德观》（*An Ethic of Excellence*）一书中提到，当他被问及在 PBL 完全融入教学的模式下，项目是否可以用来教授基本的读写技能时，他给出了如下的答案。

这不仅因为项目式学习需要大量的阅读和写作，还因为在做项目的过程中，我们会正式明确地教授阅读和写作技能。这种方法不是限制了可用于教授读写技能的时间，而是创建了一种全天候的读写教学。

2. 较为灵活的读写课程教学模式：与 PBL 部分融合

项目主要用于一天中科学、社会研究和艺术课程的教学时段，但在适当的时候，与项目相关的指导也会在读写课程教学时段进行。

还有一些学校把项目主要锚定在科学或社会研究学科上，并在适当的时候把艺术、读写和数学融入其中。在不违背这种模式的指导方针的大前提下，这些学校的教师偶尔也可以设计一些聚焦于文学或应用数学的项目。采用这种方式实施 PBL 的学校，可以较为灵活地使用国家或区域的读写课程。学生主要在下午开展项目，但一些项目任务也被纳入上午的读写课程教学时段。例如：

- 将与项目主题相关的小说文本和纪实文本纳入指导性阅读。
- 教师使用与项目主题相关的朗读材料。
- 学生在写作工作坊中撰写项目研究材料，完成书面作品。

- 将读写课的"词汇学习"板块或要学习的学术词汇与项目的主题关联起来。
- 在文学圈或读书俱乐部中使用与项目主题有关的文本。

利用这种方法，以科学或社会研究为重点的项目可以提供"双倍剂量"的读写训练——在建立项目背景知识的同时提高阅读理解能力。

3. 严格的读写课程教学模式：单独使用 PBL

项目只在一天或一周中独立于课程的时段进行，且与读写课程并无直接的关联。

在这类学校中，教师只在教授科学、社会研究和艺术这些与读写无关的课程时（通常是在下午）做项目。采用这种方式开展 PBL 的学校，通常使用州或学区的读写课程，教师必须严格按照课程要求进行教学。

如果你的项目通常在下午进行，你就要帮学生了解他们在上午的读写课上都学了些什么，以及这些内容与你下午的项目之间有何联系。例如：

- 在将小说类或纪实类作品（包括课堂上不常见的材料，如报纸、小册子、图表和网站）纳入侧重科学或社会研究的项目时，你可以向学生示范如何在项目中运用上午在读写课上学到的读写策略。
- 在开展项目时，使用读写课上开发的词汇策略来明确教授项目词汇理解策略。
- 如果在读写课上你采用写作工作坊的形式为写作过程搭建教学支架，那么在项目中，你也可以用同样的形式为书面作品的完成过程搭建支架。
- 阅读与项目相关的小说类和纪实类作品时，你可以使用文学圈或读书俱乐部的形式组织项目。
- 尽量使项目的时间安排与教授某些特定读写技能的时间安排相对

应。例如，"一切准备就绪"这一项目的时间安排就与教授文本结构的课程安排保持一致。

■ 只要项目和读写课教授的读写技能是相同的，就可以用支持项目的文本替换读写课的文本。

有关 K-2 读写技能和 PBL 的常见问题

如果学生不具备读写技能，我怎么做 PBL 呢？

除了读和写之外，读写的基本技能还包括听和说，因此你可以加强听说练习，为学生提供句子框架、视觉线索、学长伴读和录音这样的辅助支架。（获取更多信息，请参阅第六章《为学生搭建学习支架》。）

如何在 PBL 中开展自然拼读的教学？

自然拼读技能的培养依赖于学生将单词中各音素进行拆分和重组的能力以及按照特定顺序教授的字母读音 / 混合发音。你可以把自然拼读技能整合在整个项目中，但同时需要循序渐进、清晰明确地进行教学。

在项目各个阶段嵌入读写技能的培养

大多数项目的实施都会经历相似的流程，即"项目路径"。我们将其分为四个典型的阶段，在这四个阶段中都有机会融入听说读写（如下表所示）。小说、纪实文学、信息文本、各种写作类型、正式和非正式演讲，以及同伴、专家和成年人的讲话都可以整合进去。下面以我们的两个样板项目为例来说明。

项目路径的阶段	"社区英雄"项目对读写技能的整合	"一切准备就绪"项目对读写技能的整合
1. 启动项目：入项活动和驱动性问题	**阅读**：用"图片环游"①和"大声朗读"策略阅读英雄主题的故事。 **写作**：列出"须知问题"②、针对从故事中学到了什么做书面陈述。 **听说**：讨论英雄和"须知问题"。	**阅读**：关于自然灾害的新闻报道。 **写作**：制作笔记文档。 **听说**：观看自然灾害的视频、讨论"须知问题"列表。
2. 构建知识、理解与技能以回应驱动性问题	**阅读**：当地新闻报道。 **写作**：英雄特征列表、社区英雄列表、特邀嘉宾观点摘要。 **会话**：嘉宾演讲后的讨论。 **倾听**：特邀嘉宾的发言。	**阅读**：灾害相关各种信息文本。 **写作**：研究笔记、给专家准备的问题列表、发送给专家的电子邮件邀请函。 **听说**：项目小组讨论、给专家打电话、采访专家。
3. 形成回应驱动性问题的作品或解答，并对其进行批判性反馈	**阅读**：同伴描述社区英雄的草稿。 **写作**：描述社区英雄的草稿。 **听说**：使用"发光和成长"③策略对描述进行反馈。	**阅读**：真实的灾害预防指南样本、评价量规。 **写作**：草拟灾害预防宣传活动计划或指南。 **听说**：项目小组讨论、对宣传活动计划或指南草案进行同伴间反馈。
4. 展示能回应驱动性问题的作品或解答	**阅读**：有关社区英雄的最终描述。 **写作**：有关社区英雄的最终描述、画廊开幕活动的邀请函。 **听说**：对"画廊漫步"④中展示的肖像进行讨论、在"画廊漫步"活动中与参观者交谈。	**阅读**：关于口头表达小技巧的信息文本阅读。 **写作**：灾害预防宣传活动计划或指南、对项目的书面反思。 **听说**：向社区观众展示项目并在结项反思时讨论。

---

① 图片环游（picture walk）是一种阅读教学策略，让学生在正式阅读前先浏览文章中的图片，用这种方式来热身并对文章的内容进行预测。——译者注

② 须知问题（need to know）即为解答驱动性问题而必须掌握的问题。——译者注

③ 发光和成长（glow and grow）是一种写作教学策略，指学生用两种不同的颜色分别标记自己觉得好的地方和需要提升的地方。它强调了值得赞赏之处，也突出了遇到的挑战。——译者注

④ 画廊漫步（gallery walk）是一种用于批判性反馈的规程，以便学生从同伴那里获得改进现有工作的反馈。通常的做法是将需要评价的作品挂在墙上，请学生安静地在房间里走动，观看展示的作品。然后让学生把反馈意见写在便利贴上，粘贴在展示作品的旁边。——译者注

有关这些项目的更多信息，请参阅 pblworks.org/handbook 上完整的项目规划表。

信息文本的三种类型

著名 PBL 研究员尼尔·杜克（Nell Duke）在她的《内部信息：通过项目式教学培养强有力的信息文本读者和作者》（*Inside Information: Developing Powerful Readers and Writers of Informational Text Through Project-Based Instruction*）一书中解释了通过三种类型的信息文本在整个项目中嵌入读写技能的重要性。

启动文本可以用于 PBL 单元开始时的阅读，以引出一个话题并激励学生开展项目。你可以让学生大声朗读一本书、一篇报刊文章、一个网页或其他媒体上的文章，抑或是其他真实文本。

资源文本用于为学生建立背景知识，为项目收集信息。它可以是来自任何书籍、网站、媒体或其他资源上的文本，用来帮助学生了解某个主题，并回答他们所列出的须知问题。

样板文本可以用作学生最终作品的示范模型，例如用来示范你期望学生达到的写作水平的样例。你可以把样板文本与评价量规或检查表进行对照，让学生理解成功的标准。

◆◆◆

PBL 中的文本选择：包容性读写教学

1990 年，鲁丁·西姆斯·毕晓普（Rudine Sims Bishop）博士在其《镜子、窗户和滑动玻璃门》（Mirror, Windows, and Sliding Glass Doors）一文中，解释了文学如何成为对学生实现公平的工具。书有时是一面镜子，人们可以从他人的经历中看到自己生活的影子。可如果我们书架上摆放的书籍无法反映教室中学生的特征，会怎么样呢？如果学生看到的图像无法让他们确认自己的身份，或者他们看到的图像只是被扭曲的、消极的或刻板的，又会如何呢？如果学生无法通过阅读书中的章节说出"我看到了自己"，那么他们究竟在学什么呢？根据毕晓普博士的说法，孩子们"吸取的一个深刻教训，就是他们作为自己所处社会中的一分子，是如何被贬低的"。对于非主流学生群体而言，镜子一般的书籍，可以帮助他们释放自己的声音。

书籍也是一扇窗，让学生了解其他文化和与自己不同的人。在了解世界的过程中，学生得以比较不同文化的价值观并拥有不同的视角。特里西娅·埃巴维亚（Tricia Ebarvia）老师提醒我们，对于以白人为主的社区来说，"向在那里上学的学生介绍有色人种的文学遗产很重要。关于有色人种的学习方式，有太多负面的不良示例了"（Ebarvia, 2020）。对其他群体来说也是如此，比如那些被贴上残疾或性别认同问题标签的群体。拥有主流身份认同的学生需要通过窗口看向其他群体，这也会成为他们自身解放教育的一部分。

支持 PBL 读写教学的技术工具和资源

分级阅读信息文本资源	Newsela、TTJunior、CommonLit、Epic、Wonderopolis、Readworks、DogoNews（阅读网站）
分级阅读书籍资源	BookWizard［Scholastic（学乐出版集团）的分级阅读检索工具］ Classroom Organizer［BookSource（书源图书供应商）的教室书籍管理应用程序］ Leveled Books Database［A to Z Teacher Stuff（A-Z 级教师之家网）的分级阅读数据库］

包容性阅读资源	Social Justice Books［Teaching for Change（非营利组织 "为变化而教"）开发的社会公正书籍筛选网站］ We need Diverse Books（非营利组织 "我们需要多样化书籍" 推荐的书籍） Lee & Low Books（"李和洛" 多样化书籍出版商出版的图书） Learning for Justice Student Texts（教育机构 "为公正而学" 提供的学生文本）
儿童播客	But Why: A Podcast for Curious Kids (NPR)（美国公共广播电台为好奇的孩子而做的 "但是为什么" 播客） BrainsOn!（美国公共传媒广播网制作的科学类播客） Kids Listen（"儿童聆听" 应用程序）
辅助工具	Helperbird、Immersive Reader、Natural Reader、Rewordify（网站或应用程序）

PBL 与小学数学

以下是一些如何通过 PBL 进行数学教学的指导建议，来源于特兰尼亚·诺尔法（Telannia Norfa）和克里斯·范彻（Chris Fancher）合著的《3 年级至 5 年级数学课堂中的项目式学习》（*Project-Based Learning in the Math Classroom Grade 3 to 5*）一书（由普鲁弗洛克出版社在 2021 年秋季出版，另外还有一本针对 PBL 和 K-2 数学的类似书籍）。

如果数学是一个项目的焦点，就必须确定需要较长时间来掌握的学习目标（例如，CCSS 3 年级 MD.A.2[①] 的课标是 "使用

---

① MD.A.2 是这条数学课标的编号，其中 MD 表示 "测量和数据"（measurement and data）这一课标范围，A.2 表示在这一课标范围下的具体顺序。——译者注

克、千克和升这样的标准单位，对液体容量和物体质量进行测量"）。如果你选择的是学生在短时间内就能实现的学习目标，就会出现麻烦。研究一下课标中较大的目标，而不是其下的一个个子目标。有时一个只要花五天时间就能完成的学习主题，却用了三周的时间来做项目。以下做法可帮助你避免这种浪费时间的情况发生。

- 选择符合以下四个准则的学习目标：可用于其他学科、对下一个年级的学习至关重要、是国家评估的主要部分、成人可以使用。这四点常常被称为"强力标准"（power standards）。例如，"用涉及乘除法的知识来展现和解决问题。"

- 想一想过去你在各个学习目标上所花的时间长短，选择那些需要两周或更长时间来学习的目标。如有必要，可参考你所在的学校或学区的课程指南。

- 要想确保学生掌握你选择的学习目标，你需要让学生进行持续探究。例如，2 年级有一条课标是："会用指针式时钟和数字式时钟读取和记录时间。"这一目标本身就会将学生导向问题和探究。学生可以询问：指针式时钟和数字式时钟之间有什么联系和区别？为什么要使用 60 这个数字？为什么时间很重要？为什么指针式时钟和数字式时钟都是有用的？他们也可以调查不同的文化对时间有什么不同的看法。相反，"理解数字的位值"这一课标很可能就不需要探究。

如果数学不是一个项目的焦点，你仍然可以把它纳入其他学科的项目。你可以选择一些不符合以上准则的学习目标。比如，1 年级的一个数学课标要求学生能数到 120，你就可以把它纳入一个科学项目。在这个项目中，你可以要求学生在一段时间内收集数据。你也可以把这个课标纳入一个社会研究项目。在这个项目中，他们至少要对 120 个人做调查。

※ 撰写驱动性问题

黄金标准 PBL 中的第一个项目设计核心要素是"具有挑战性的问题或疑问"。用学生容易理解的语言抓住项目的焦点是很重要的，这样他们就会明了总体目标是什么。我们喜欢用一个"驱动性问题"来实现这一点。在整个项目中，驱动性问题都是学生的试金石，也是指导他们探究过程的工具。此外，驱动性问题也可以帮助教师将设计重点放在学生回答该问题所需的知识、技能和活动上。

PBL 专家小贴士

与学生共创驱动性问题

在一些项目中，有的 PBL 教师更喜欢在项目启动后与学生一起制定驱动性问题。这样做能够尊重学生的想法，教他们如何提出开放式问题，并有助于他们建立项目归属感。如何做到这一点，请参阅本书第七章《学生的参与和指导》。

如你习惯用"追求理解的教学设计"①拟定基本问题,或习惯用设计思维中的问题/目标陈述,那么制定驱动性问题对你来说一定不会陌生。

好的驱动性问题应符合三条准则

1. 能吸引学生参与

- 学生能听懂问题,并且问题听上去具有启发性、趣味性、重要性。
- 适合参与该项目学生的年龄、背景、所在社区等。
- 听起来不像是教师或课本常常会提出的典型问题。
- 能引导学生提出进一步的问题并开始探究过程。
- 根据项目的不同,通过将问题关联当地的场景,或者让学生感受到采取行动的责任感,使项目更具参与度。
- 在适当的情况下,提出问题时要使用"我"或"我们",而不是"你"或"学生",以此培养学生的主人翁意识。

2. 开放性

- 问题要有多个可能的答案,并且答案要具有原创性;学生无法简单地用搜索引擎找到答案。
- 答案要有复杂性,需要学生收集信息和运用批判性思维。
- 问题可以是一个是非题,但必须要有详细的解释或理由。

3. 与学习目标对应

- 要回答这个问题,学生需要学习项目指向的目标知识和理解,并练

---

① 追求理解的教学设计（Understanding by Design, 简称 UbD）是一种教学设计方法,倡导"逆向设计",即以教学预期目标为设计的起始,使学生真正理解学习内容,并将其迁移到新环境中。——译者注

习关键的成功技能。

- 问题并非简单地复述课标内容。但在不会过于冗长或打消学生积极性的前提下，可以采用课标中的语言。

- 问题不要设置得太宽泛，所涉及的知识不要超过合理时间内能学习的容量（例如，谁是最好的美国总统？全球变暖可能对地球上的生命产生什么影响？）

多年来，我们在开展 PBL 工作坊的过程中注意到，教师在设计项目时最具挑战性的步骤之一就是撰写驱动性问题。许多教师非常擅于设计课程单元和教案，也有许多教师很擅长跟学生打交道，但要想字斟句酌地写出一个能抓住项目核心并吸引学生的问题，就感觉有点儿棘手了。

PBL 中两种常见的驱动性问题

1. 驱动性问题探讨的是一个具有哲学性或有争议的话题，又或者是一个耐人寻味的话题。如：

- 我们的社会是否"人人享有自由和正义"？
- 其他星球上有生命吗？
- 我们国家应该制定什么样的移民政策？
- 我们应该吃肉吗？
- 童年造就了现在的我们吗？
- 我们购买物品的真正成本是多少？
- 在日常生活中我们都戴着什么样的面具？

优点。 学生的参与度很高，即便离开课堂以后也会一直谈论这类问题；抓住了大概念和重要问题，并且听起来很有趣。

缺点。 撰写难度较高，看起来更像是高阶 PBL 实践中提出的问题，因为：这类问题没有阐明任务和作品；与某些学科（如人文、社会研究）相比，可能更适用于其他学科（如数学、外语、职业 / 技术）；年龄较小的学生或母语非英语的学习者可能需要更多的帮助才能理解这样较为抽象的问题（比如上面的"面具"这一例子①）。

2. 驱动性问题明确了要创作的作品或要解决的问题，也可以代入学生的角色。如：

- 我们如何为保护我们所在地区的濒危物种尽一分力量？
- 我们如何才能减少欺凌的行为？
- 我们如何设计出满足社区需求的小房子呢？
- 我们如何为新移民制作社区指南？
- 作为历史学家，我们如何通过创作播客来讲述所在城市的故事？
- 作为实习医生，我们如何对病人进行诊断？
- 我们如何使用诗歌来促进所在社区的社会公正？

优点。更易撰写；反映了真实情境下问题是如何解决、作品是如何创作的；可以帮助年龄小的学生集中精力完成项目任务；项目给定的角色明确规定了我们希望学生培养的某种思维方式（像历史学家、科学家等一样思考），也增加了真实世界的元素，有益于学生的职业探索。

缺点。学生会感觉缺少一点儿吸引力，有时只是简单说明了教师希望学生做什么；有些学生可能感觉角色不真实，高年级学生可能更喜欢做自己。

---

① 在这个项目案例中，学生要探索面具在世界各种文化中的使用，了解面具的起源、目的以及在仪式、表演、时尚、职业等方面的使用。学生利用他们学到的关于面具的知识，反思自己生活中戴面具的方式，以及对待自己和他人时会展露的不同面孔，并挑选一个将其艺术性地制作出来。——译者注

驱动性问题模板

　　这是一个可以用来帮你编写驱动性问题的模板。你也可以试试 "Tubric"（一个帮你用这个模板写出驱动性问题的小工具），你可以在 tubric.com 或 pblworks.org 上找到这个小工具。

> 问问自己："在现实世界中，谁会做这样的工作？"

> 问问自己："这个角色创造了什么样的产品或采取了何种行动？"

　　作为＿＿＿＿（角色），针对＿＿＿＿（目标和受众），我们如何＿＿＿＿（完成一项任务或制作一件作品）？

> 问问自己："制作这个作品或这样做的目的是什么（如说服、告知、提出解决方案、让人们使用等）？受众是谁？"

例如：

- 作为厨师，我们如何制作晚餐菜单，向来到我们餐厅的游客展示当地生产的食品？
- 作为报刊记者，我们如何写一篇文章来解释我们所在社区中的哪些建筑应被视为"历史性建筑"并受到保护？

排除常见的易犯错误

　　下表列出了一些典型的驱动性问题的初稿，以及如何对其进行改进，以更好地符合上面所列的准则。

PBL 单元 驱动性问题初稿	评论	修改后的 PBL 单元 驱动性问题
动物为了在不同的栖息地生存会做出哪些适应性调整？	不吸引人，因为它听起来像教师提出的或教科书上的问题。	狗能在沙漠中生活吗？
如何有效地编写儿童故事？	不够吸引人，语言可以更生动一点儿，和当地实际情况相结合会更好。	我们如何才能为社区里的孩子们创作生动的故事？
如何在统计篮球数据时应用数学？	不够吸引人，太宽泛，没有激励性。	勒布伦·詹姆斯（Lebron James）是有史以来最好的篮球运动员吗？
我们县的哪些建筑因承载了重要的过去，而应被列为历史建筑，并受到人们的保护？	不吸引人，因为使用的语言比较成人化，并且对可能的答案做出了暗示。	拆掉我们县城里的老建筑有关系吗？
我们是否应该开发自然区域？	如果能更具体、更联系当地情况的话，就有吸引力了。	我们所在的城市应该在河边的土地上建造新的住宅吗？
美国内战的起因是什么？	不具开放性，不需要批判性思维和辩论。	美国内战最重要的原因是什么？
电影与原著有何不同？	没那么吸引人，加上"哪个更好？"会更有吸引力。	原著和电影哪个更好？
我们如何使用测量技能和几何学来规划一个公园？	陈述了学习目标，但不一定非要如此；问题缺乏目的性或"为什么"。	我们如何规划一个人们喜欢去的社区公园？

※ 确定项目主要作品和公开展示的方式

在 PBL 中，学生实际上是在创造一些东西，这与在许多传统教学中发生的情况相反，因为传统教学的重点往往是为应付考试而让学生简单地记住信息或完成作业。而且学生是要公开分享在项目中创作的作品的，正如我们在导言中提到的那样，这一点很重要。

学生要创作什么作品

我们虽然用"作品"一词，但这并不总是意味着它一定是一个有形的物体。它可以是学生创造的任何东西，可以是一次活动、一项服务、一次演示或者一场表演。有很多很多不同类型的作品，然而对于特定的项目，你需要问自己一个关键问题："这个作品是真实的吗？"在同样的情况下，校外人士也会创作出这样的作品吗？它有真正的用途吗？它是针对特定受众或终端用户的吗？

以下是一些不同类型作品的例子。

书面作品：
研究报告
信件
宣传册
脚本
书评
培训手册
数学 / 工程分析
博客
科学研究 / 实验
视频 / 动画
网站内容
计算机程序 / 应用程序
电子故事 / 漫画
社论

媒体与技术作品：
录音 / 播客
幻灯片
素描 / 绘画
拼贴画 / 剪贴簿

影像式小品文
视频 / 动画
分镜
网站
计算机程序 / 应用程序
电子故事 / 漫画
社交媒体宣传活动

构建性作品：
小型模型
消费品
小装置 / 机械
车辆
发明
科学仪器
博物馆展览
建筑物
花园

展示：
演讲

辩论
口头陈述 / 答辩
新闻广播
专题小组讨论会
舞台剧 / 戏剧表演
诗歌朗诵 / 讲故事
音乐作品 / 舞蹈
讲课
公共活动
商品宣传语

规划性作品：
提案
商业计划书
设计案
投标或估价
蓝图
时间轴
流程图

除了真实性问题之外，还有一些选择项目作品时需要考虑的其他方面。

1. 作品是否提供了足够的证据来证明学生已经完成了项目指向的学习目标，是否需要组合多种作品才能体现学习目标

在有些项目中，创作出某种作品可能就足够了。就拿一份要发送给某个相关组织的科学或社会研究方面的书面研究报告来说，这份报告只要包含学科知识，并展示学习目标期望培养的思维和写作技能即可。而在另外一些项目中，如果学生要为他们设计的一个容器制作模型，你可能还需要一个书面作品，以解释其中用到的数学知识。（更多关于如何选择适当的作品呈现形式的内容，请参见本书第二章《与课标对应》。）

2. 作品是否可行

思考一下你和你的学生是否能够在有限的条件下完成作品的创作，比如时间、专业性、材料或设备的成本，以及学生的年龄和经验等。你可能需要收敛你和学生的"野心"。比如说，与其让学生建造一座真实的小房子，不如绘制小房子的蓝图或制作比例模型；与其让学生编写和演出整部舞台剧，不如只挑选几个场景。

3. 哪些作品由学生个人创作，哪些作品以团队的形式完成

这是 PBL 实施中一个大家都关注的问题，因为这个问题牵扯到问责和评估（包括我们建议尽量少用的"小组成绩"，详见第五章《评估学生的学习》）。例如，你无法在团队展示的时候评估每个学生，因此你还需要让每个学生写一份报告。

4. 学生是能够选择他们想要创作的作品，还是都将创作相同的作品

让学生选择他们想要创作的作品，是将核心要素中"学生的发言权与选择权"纳入项目的一个常见且重要的方式。这可以增加学生的认同感，尊重他们的智慧，并允许他们表达自己独特的想法。你应该在学生选择作

品时给予指导，以确保他们做出合适的选择。或者，根据学生的需求和他们开展 PBL 的经验水平，你可以提供一个项目作品列表让他们选择，这样你就可以确保他们的选择是可行且恰当的。还要注意的是，为一个项目设置多个作品，会使你的管理和评估更加复杂。

项目的性质会决定学生创作什么作品。例如，如果这是一个"当地历史博物馆"项目，那么每个项目小组就都需要制作一个展品，尽管他们的展品设计会有所不同。又或者，这是一个全班性的项目，比如创建一个网站，用来发布学生编写的同人小说，那么项目小组就可能需要处理任务的各个方面，但会致力于完成同一个最终作品。在其他一些项目中，也可能需要用多个作品来充分回答一个驱动性问题或解决一个难题。下面的矩阵有助于你了解各种选择。

作品的选择

相同的作品，相同的焦点 示例：每个项目小组都要展示自己对一个社区问题的解决方案。	**不同的作品，相同的焦点** 示例：项目小组可以制作海报、公益广告视频或社交媒体宣传活动方案，以解决社区中的同一个问题。
相同的作品，不同的焦点 示例：每个项目小组都要制作一个社交媒体宣传活动方案，以提高大家对他们所选择的某个社区问题的认识水平。	**不同的作品，不同的焦点** 示例：项目小组可以制作海报、公益广告视频或社交媒体宣传活动方案，以提高大家对他们所选择的某个社区问题的认识水平。

5. 学生要如何公开展示他们的作品

这就要提到另一个关于 PBL 的刻板印象：每个项目都必须以一场盛大的展览或展示收尾。虽然这可能是出项的最好方式，但是让我们敞开思路，想想"公开作品"意味着什么，以及在何时安排展示环节更为合适。其实作品展示也可以设置在项目过程中，这时学生也许在忙着把他们的想法变成文案，也许正致力于制订计划、创作原型作品，又或者在寻求专家、潜在用户或受众的反馈。学生也可以在项目进行中将作品的草稿展示给同伴，从而听取意见、进行改进，还可以在项目结束时分享最终的作品。不论采取哪种形式，关键在于学生并非仅仅把作业交给了教师。

用于远程学习　　在线公开作品

以下是我们当前最喜欢的一些技术工具，学生可以用这些工具将作品分享给课堂以外的人。记住要提供一种反馈的方法，这样人们就可以提问、发表评论、评估作品了。

Padlet。用于创建讨论、记录须知问题，或帮助学生更直观地组织他们的想法和学习过程。

Adobe Spark。它可以为短视频、图形设计项目或具有视觉冲击力的网站提供模板。

Bookcreator。这是一个很棒的出版工具。它设计简便，适用于所有年龄段和能力水平的学生。

Soundtrap。这是一个协作音频工具，学生能够用它来创建和制作在线音乐项目。

Explain Everything。这是一个视频制作和共享工具，用于录屏、录制演示文稿或制作简单的动画。

你可以在 commonsensemedia.org 这个网站上找到更多的资源和技术工具，帮助学生创建和分享在线学习成果。

◆◆◆

以下是一些潜在的项目受众：

- 由利益相关者组成的讨论小组（真实或虚构）。
- 专家。
- 作品的用户。
- 来自当地政府、企业、民间和非营利组织的人员。
- 在活动中或网络上所展示的著作、媒体、艺术或表演的观众。
- 社交媒体宣传活动的受众。
- 不同年龄段的学生或在其他地方的学生。
- 家人和朋友。
- 学校教职员工。

公开项目过程，而不仅仅是项目作品

在设计如何让学生公开分享他们的项目成果时，还有一个关键点：请留出一定的时间并做好安排，以便学生可以像项目设计评价量规所说的那样，"解释他们做出某些选择的理由、探究的过程、开展项目的方式以及学习的收获等"。同样，这也应该发生在项目过程和项目结尾的两个阶段——在项目过程中，学生寻找解决驱动性问题的答案、制作相应的作品；在项目结尾时，学生分享最终成果。

让学生解释他们的思考和完成项目的过程，这一点很重要，其原因在于：它教会学生如何反思，并培养学生的元认知，这对他们来说是非常关键的批判性思维能力；它有助于记忆，因为思考和讲述完成任务的过程，或者把过程清晰地写下来，有助于巩固记忆并将其迁移到未来的任务中去（Mergendoller，2017）。

让学生解释自己的思考和完成项目的过程也是学习的一种体现，这为进行形成性评估和总结性评估提供了机会。比如，如果一个学生在项目中途分享了解决问题的过程，那么错误就可以被发现和纠正。在项目结束时，教师可以要求学生反思和记录自己对批判性思维、问题解决、创造、合作和其他成功技能的运用情况。公开讨论这些，也给教师和学校领导者提供了有用的指导，使他们知道如何更好地培养学生的技能，并向大家汇报学生对这些技能的掌握情况。

请参阅本书第四章《管理教学活动》，了解更多有关如何管理展示环节和学生公开分享作品的方法的详细信息。

※ 设定时间框架

不同的项目有不同的时长，这里有几个因素需要考虑。项目时长取决于项目主题和学科、项目的性质和主要项目作品，以及你和学生做出的选择。也可能存在一些外部限制，如教学进度和校历上诸如考试和评估这样的活动安排。校外机构的参与也可能影响项目的时间框架，比如，他们需要在某个日期前拿到项目作品，或者他们只能在某个特定时间内与学生开展合作。

	项目时长	示例	注意事项
短期项目	3—5 天 / 5—8 小时的课时量。	• 用迷你项目来开启新学年的学习，并向学生介绍PBL，建立PBL文化。 • 项目聚焦于1—2个课标，设定简单的作品。 • 单学科项目。	• 适用于所有学科，经常出现在数学、职业 / 技术和外语等学科中。
一般项目	3—5 个星期 / 12—25 小时的课时量。	• 教师指导的大多数项目。 • 可以是涉及多学科的项目。	• 大部分的项目任务都在课堂上完成，或者在教师的密切监控或指导下通过远程学习完成。
长期项目	6个星期以上 / 超过25小时的课时量。	• 聚焦于大概念、复杂问题和多种作品的项目。 • 常被视作高阶项目和学生自主选题并完成的项目。	• 每天的课堂时间并不一定都花在完成项目任务上。 • 由学生独立完成的项目大多用课外时间完成。

PBL 在 pre-K 至 2 年级阶段要考虑的因素

以下观点来自萨拉·列夫（Sara Lev）、阿曼达·克拉克（Amanda Clark）和埃琳·斯塔基（Erin Starkey）合著的《如何在早期教育中实施项目式学习》（*Implementing Project Based Learning in Early Childhood*; Routledge，2020）一书。

- 为 pre-K 至 2 年级的孩子设计项目时，你可以从学习目标或具体的课标入手，寻找具有真实性和相关性的综合内容。你也可以在孩子玩耍时进行观察，听听他们的对话，并根据他们共同的兴趣或问题来创建一个项目。

- 研究不只是读书并做报告。幼儿是天生的研究者，会努力了解周围的世界。重新定义"研究"，把调查和探索、实地体验、嘉宾演讲、玩耍和动手实验都纳入研究范畴。

- 对幼儿新展现出来的读写技能给予支持，包括课堂讨论、创造丰富的阅读环境、进行探究式学习。鼓励孩子用各种形式表达他们的理解、想法和问题。

- 设计项目时，确定核心知识和技能并有目的地整合。同时对可能自发出现的新知识和技能持开放态度。你可以在项目设计中留出空间，或找到几个地方舒适地跟随孩子的步调。这并不意味着让学生完全主导项目，而是在适当的时候允许学生表达自己的想法，做出自己的选择。

- 信任学生。让孩子对自己的学习产生能动性和主人翁意识。幼儿好奇心强，会积极学习新技能，在游戏、故事、运动和动手实践的学习环境中茁壮成长。教师可以将孩子的背景、知识和兴趣作为基础，在整个单元的学习中最大限度地提高孩子的参与度。

一个项目需要足够长的时间来包含七大项目设计核心要素，这就意味着要留出足够的时间开展调查、习得知识和技能、形成回应驱动性问题的作品或解答，以及公开项目成果。有些要素在短期项目中可供发挥的程度有限，例如，随着项目的推进，正式展示的时间可能会不够，调查也不会深入。

设置项目时间框架时需考虑以下几个问题。

- 考虑到教师在整个项目中需要对学生进行监督和指导，那么学生应该在课外完成多少任务？又能够完成多少任务？
- 学生能否先通过在线资源或视频资源独立学习知识，然后在线上实时学习或线下面授学习时去运用呢？
- 有多少课标或其他学习目标需要达成？需要花多少时间来学习和实践？如果课标和目标不多且不复杂，那么一个短期项目就可以了。

确定项目里程碑

一个项目就像是一场旅行，也有开始、中途和结束。以下是大多数项目所采取的典型路径，我们将其分为四个阶段。这些阶段与设计思维和工程设计流程模型中的阶段类似。

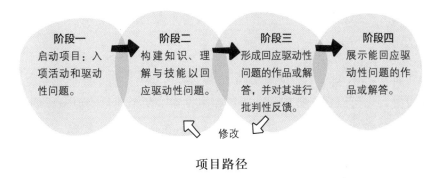

项目路径

在项目路径的每个阶段都有"里程碑"，它指的是标志项目进程（从一开始到最终完成）的关键活动或任务。典型的里程碑包括启动项目的入项活动、任务的检查节点（如完成研究笔记和草稿、计划、原型）、完成项目作品的截止日期，以及展示（或学生公开其项目成果的任何方式）。大多数里程碑至少有一个形成性评估，它可以为决定是否以及何时进入下一个里程碑提供依据。

PBL 专家小贴士

预测学生的问题并分类

在规划项目里程碑时，提前预测学生的须知问题对你的规划是非常有帮助的。这建立在一定的基础上，包括你对这个年龄段学生的了解、对所教班级学生的了解、他们会在这个项目中学到什么，以及要想让项目成功他们需要回答哪些问题。

尽管学生实际提出的问题可能会各不相同，你需要对此做出相应的调整，但是提前想象一下这些问题可以说是一个有帮助的规划策略。你可以考虑把这些预测的须知问题按内容、过程和作品分成三类，然后用它们来帮助你决定每个里程碑的顺序和优先级。

下面呈现的是"一切准备就绪"和"社区英雄"两个样板项目中的里程碑设置。你可以在 PBLWorks 项目库中找到这两个项目的更多详细信息。完整的项目规划表电子版，可在 pblworks.org/handbook 上找到。

"一切准备就绪"项目

4 年级英语语言艺术和科学

驱动性问题	在自然灾害面前，我们如何保护社区的安全？
项目概述	学生以小组为单位学习常见自然灾害*的成因、特征和风险，然后针对每种主要的灾害类型，制作灾害预防的宣传活动计划或指南。学生要对自然灾害进行深入研究，包括线下或线上采访亲身经历过这些灾害的人，以及科学家、工程师和灾害防御专家。在制作自然灾害预防指南时，学生要考虑一系列问题，例如，社区可以提前采取哪些预防措施来减少灾害的影响？面对这种自然灾害，哪些社区或社区成员将会面临最大的风险？我们如何共同努力确保所有人的安全？
	* 根据你所在的社区和你准备强调的具体课标，你可能想要把此项目构建为基于当地情况的项目，重点关注会影响当地社区的自然灾害，或者让每个团队关注发生在世界不同地方、不同类型的自然灾害。
里程碑 1： **入项活动**	学生需要探索不同的自然灾害，并提出一系列须知问题。
里程碑 2： **自然灾害** **（个人）**	在了解了一些自然灾害之后，全班要确定里程碑 1 中探索的哪些自然灾害可能会影响所在的社区。学生可以选择他们最想研究的自然灾害。
里程碑 3： **研究（团队）**	学生组建项目小组，开始研究他们选择的自然灾害的成因、风险和特征。
里程碑 4： **专家访谈** **（团队）**	学生继续通过询问专家、科学家和经历过自然灾害的人，来研究自然灾害对他们社区可能产生的影响。
里程碑 5： **起草宣传活动** **计划（团队）**	学生要起草灾害预防宣传活动计划或指南，告知社区成员潜在的灾害，以及如果灾害影响到他们所在的社区，应该如何做好准备。
里程碑 6： **公开展示** **（团队）**	学生把他们制作的灾害预防宣传活动计划或指南分享给社区成员。

"社区英雄"项目

● ● ● ● ● ○ ○ ● ● ● ● ● ● ● ● ● ● ● ● ○ ● ○

驱动性问题	什么样的人能成为社区英雄？
项目概述	学生通过阅读和讨论一些有关著名历史人物和当代人物的书籍，了解这些人物是怎样以不同的方式努力使他们的社区和世界变得更美好的。他们还要举例说说在自己的生活中和所在社区中，那些为改善当地条件做出努力的人们。这些人可能是家庭成员、教师、邻居等。学生先以班级为单位，共同列出一系列社区英雄所具备的共同特征。然后，每个学生（在教师或班级创建的英雄特征列表的帮助下）选择一位具体的社区英雄。使用绘画、雕塑、拼贴或其他艺术媒介来创作这位英雄的肖像，并附上一段说明，解释这位英雄是谁，以及这位英雄是如何为社区做出贡献的。
里程碑 1： 定义"英雄" （个人）	学生要谈谈他们认为可以称作英雄的人，并且开始构建英雄的初步定义。
里程碑 2： 对"英雄"进行 调研（个人）	学生要阅读和讨论有关著名历史人物和当代人物的书籍。
里程碑 3： 找出当地的英雄 （团队）	学生要找出并讨论在他们的生活和所在社区中，那些致力于改善当地条件的人物。
里程碑 4： 英雄画像 （团队）	学生要选择一位社区英雄人物，创作一幅画像，并写一段话来讲述这个人对社区的贡献。
里程碑 5： 公开展示 （团队）	学生会在"英雄画廊"的活动中展示他们创作的英雄画像。

创建项目日历

设计和规划项目的最后一个主要步骤是安排每天要做的事情。具体要安排到多细致，可以由你自己来决定。这主要取决于项目的性质、你的个人偏好、你的学生以及他们行使选择权的程度。

你可以在日历上先标注出从项目启动到出项事件或活动过程中已规划好的里程碑。要确保留出足够的时间进行批判性反馈和修改，并且在项目期间和结束时，还要留出反思的时间。

在你规划日常活动时，记住我们在本书的导言中提到的内容。你可以利用很多之前在教授知识和技能时常常会使用的教学策略、教案、活动、形成性评估等，这些都是你在成为 PBL 教师之前做过的事情，只是现在都被赋予了项目的背景而已。

请记住，如果学生对某些事情真正感兴趣，或者当下的情况需要项目能够开展更长时间，那么这个项目就可能发生变化，你的项目日历也需要一定程度的灵活变化。某些确定好的时间可以不变，如外部专家或机构与学生开展合作的时间、进行实地调查的时间或进行结项活动的时间。如果你想安排更多的学习以及个人和团队工作的话，那么可以灵活安排其余时间。

结　语

> 在启动项目之前准备好给学生的材料，如项目信息清单、研究记录表、团队合作公约模板。此外，如果你真想做好万全的准备，那么适用于不同课堂教学内容的文档也是必不可少的。

▶ 提前制定评价量规，尽管这些量规也可以在开展项目期间与学生共同制定。(详见第五章《评估学生的学习》)。

▶ 提前安排项目所需的所有资源。这些资源可能是人（知识内容的专家、社区成员或学校教职人员），也可能是物料、设备、校园里或社区中的设施。

▶ 本章最重要的两个概念是"了解你的学生"和"真实性"。

▶ 如果你是新手，设计一个符合黄金标准的 PBL 项目可能会让你望而生畏。为了增强你的信心，我们请你记住两点：当你有了经验之后，做起项目来就会变得更容易；比起每天为传统教学做准备，在项目中你会感到更轻松。

第二章

与课标
对应

对项目式学习在某种程度上持有"陈旧"观念的人，往往特别关注"课标"这一话题。正如我们前面所说的那样，人们多对 PBL 持有刻板印象，觉得 PBL 只与软技能的培养和学生的参与度有关，而不涉及学术知识和技能的学习。这些对 PBL 持怀疑态度的人可能会说，PBL 针对的是特别的课程或常规课程的附加内容，却不是教授课标内容的有效方法——这种想法是不对的，却一直存在。

项目式教学评价量规中的"与课标对应"

▶ 衡量项目作品的标准明确而具体地来自课标，并能够展现出学生的掌握情况。

▶ 学生学习的支架、批判性反馈和修改的规程、评估以及评价量规自始至终都指向具体的课标，并支持学生去达成。

还有些 PBL 最忠实的支持者，对于根据年龄和年级指定学生学习内容的做法表示怀疑，尤其当这些学习内容是自上而下由州政府统一规定的时候。课标文件往往是一长串的"仿真陈述"，教师认为他们必须在教学中"涵盖"这些内容，才能帮助学生为基于课标的标准化考试做好准备。这些 PBL 倡导者指出，其实当地一线教师知道对特定的学生来说什么教学内容才是最合适的，而且学生应该拥有自身教育的发言权。

我们理解这两种观点，并采取了中间立场。的确，如今的美国教育确实太强调知识内容和高风险测试了。我们更倾向于深度大于广度的理念，更喜欢看到地方层面做出的决策，更愿倾听学生的声音。然而，对于大多数公立学校的教师来说，按照国家课标来教学才是现状。我们不希望这种现状成为推行 PBL 的障碍。因此，就如你将在本章中了解到的那样，我们的方式是在项目设计和实施时，明智而又有项目针对性地使用课标。

※ 从课标出发开启项目设计

在第一章中，我们探讨了在设计和规划项目时，如何从一个项目点子或课标内容入手。现在我们就具体谈谈后一种方法是如何实施的。基本的流程是先确定你想要学生学习的课标内容，然后再去考虑可以展现出学生对课标掌握情况的项目。

首先，让我们明确一下我们所说的"课标"是什么意思。课标包含的是你认为学生要想在课堂上有所收获必须学习的所有东西。它包括你所在学校、学区或州政府为课程规定的学科内容标准，但跳出这个限定，它还可以包括：

- 学校制定的跨学科素养，如研究 / 探究能力、创造性表达的能力、分析能力。
- 成功技能：批判性思维、合作、沟通、创造、项目管理等。
- 学校或学区制定的"毕业生画像"或全校性的教育成果。
- 年级目标或学科素养目标。
- 终身学习者的特质，如成长型思维、自我倡导①、好奇心。
- 人性化的品质：同理心、无私、积极精神、全球化思维。

---

① 自我倡导（self-advocacy）指的是为自己争取权益的意识和能力。——译者注

PBL 专家小贴士

考虑其他年级和课程中的教学内容

为了帮助你确定在项目中所要教授的课标内容，你可以与同事一起寻找知识内容的缺口、冗余以及保持彼此一致的机会。

纵向检查。 哪些前几年教过，哪些没教过，哪些需要加强巩固？比如，学生在3年级英语语言艺术课上已经深入学习的课标，可以在4年级进行复习或强化，但可能就不需要花费之前那么多时间了。

在同年级层面做横向检查。 其他学科的课标内容有什么？比如，社会研究课的一个关于公民和经济的单元，可能需要收集和评估资源，这与英语语言艺术课的信息阅读和写作目标就联系起来了。

※ 选择和缩减课标

正如我们在第一章中所建议的那样，你为项目选择的课标应该是优先级较高的课标，以及那些需要深入理解和在真实世界中实际应用的课标。你可以问问自己，这项课标是学生需要花大量时间、做很多练习才能掌握的，还是我通常在几天内就能教会的呢？如果是前者，那么对 PBL 来说，就是一个不错的选择。

选择正确课标的一个好方法是使用拉里·安斯沃斯（Larry Ainsworth）的"REAL"框架（Ainsworth，2015），如下表所示。如果一项课标符合以下所有四个指标，那么就适用于项目。

预备性 Readiness	持久性 Endurance	评估性 Assessments	提升性 Leverage
• 这项课标能为学生下一步的学习提供所需的知识吗？ • 在学年的这个阶段，教授哪些课标才有意义？ • 学生对这项课标的理解能否为他们今后的学业成功打下基础？在进入下一个学习单元之前，学生对此项课标的掌握至关重要吗？	• 这项课标涉及的知识和理解，是否不止于让学生应对一次考试？ • 这项课标涉及的知识是否对未来有价值，可以帮助学生在课堂之外获得成功？ • 哪些课标具有复杂性，需要演示和实际应用，而不仅仅是简单的记忆或背诵？	• 这项课标是否是年级、系部、学校、学区或整个州的学习评估重点？ • 这一概念是该学科的"核心课标"吗？	• 这项课标能否为学生提供具有跨学科价值的知识？ • 它是一个跨领域的概念吗？有没有正在社区或更广泛的世界中发生的事情，可以与某一特定课标的应用和实践联系起来？

通常来说，你很可能想要专注于多个课标，这是一个真实、严谨的项目所需要的。你可以根据课标或课程指南文件的详细程度，来判断项目中要使用多少课标，但请不要试图在一个项目中纳入太多内容。这里有一个很好用的检测方法：想想在一个传统的课程单元中，你要花多长时间来教授特定的课标内容。既然一个"主菜式"项目相当于一个单元，那么你应该涵盖的标准也就这么多了。

用"怦然心动整理法"①来规整课程

新冠疫情的爆发使很多教育者重新思考，学生在学校里真正

---

① 近藤麻理惠（Marie Kondo）是一个整理咨询师，她独创了一套"怦然心动整理法"来帮助人们整理房间从而改变生活。这种方法提倡先检视个人拥有的所有物品，留下对自己来说真正需要而且感觉心动的，然后进行收纳。——译者注

需要学习什么。害怕学生"落后"导致学校纷纷采用增加教学天数、开设暑期班、让教师在已经排得满满的课程中塞入更多课标等方式来加倍"覆盖"课程内容。

但是，研究员贾尔·梅塔（Jal Mehta）和教师沙娜·皮普尔斯（Shanna Peeples）在他们的文章《用"怦然心动整理法"来规整课程》（Marie Kondo the Curriculum; Albert Shanker Institute, June 25，2020）中谈到，我们应该缩减课程，只突出那些必需的内容。他们建议教师明确以下五类学习内容，这对 PBL 也具有指导性。

一是螺旋式上升的学习内容。比如论文写作是每年都会出现的，所以学生无须"赶着进度去掌握"。（在 K-12 阶段的许多项目中，学生都可以时时温习它们。）

二是内容不错，但并不重要，那就可以舍弃。（记住，不要把这些内容硬塞进项目里。）

三是有前后顺序的学习内容。学生必须在掌握了某些知识后，才能接着学习其他知识，在数学中尤其如此。但教师要有判断力，在进入下一阶段的教学之前，应确保将要教授的内容是学生真正需要的。（从"适时"学习的角度考虑，学生需要先学习什么内容才能完成一个特定的项目？）

四是旨在培养有教养的人和公民这样真正必要的学习内容。（对于项目来说，这些内容都是不错的选择。）

五是像阅读和写作这类学生能从实践和反复接触中获益的学习内容。作者指出："让孩子操练这些技能十分重要，但没有理由把这些技能的操练与你想要他们操练这些技能的真实动机剥离开来。"（这一点与 PBL 的真实性联系了起来。PBL 为学生"需要知悉"的内容和技能提供了真实性。）

此外，考虑一下是否可以将有些课标（那些你在项目中明确教授和评估的课标）放在首要地位，将另一些课标（那些项目中曾经涉及，也经过练习，但并没有被明确教授和评估的技能）放在次要地位？例如，学生在之前的项目中已经接触过信息文本的写作，那么这项技能就可以被放在次要地位，而指向新内容的课标则要被放在首要地位。

※ 将项目作品与课标对应起来

一旦你选择了适当的课标来指导你的项目，那就是时候将项目的主要作品与这些课标对应起来了。我们在第一章中已经讨论了一系列可以使用的项目作品，这里我们要将重点放在如何确保这些作品可以提供足够的证据，证明学生已经达到了课标的要求上。

首先，深入思考真实性。下面是在确定作品的内容和形式时，你可以问自己的一些问题。如果你是和学生共同设计项目的，那么也可以问你的学生这些问题。

- 这些课标还会在学校以外的哪些地方出现？
- 什么样的专业人士拥有课标所要求的思维模式？
- 目前在我们的社区或更广泛的世界中正在发生的哪些事件可以与这些课标联系起来？
- 我的学生认为自己在课标中处于什么位置？在他们的个人兴趣或相关背景中，哪些可以与课标发生有意义且个性化的联系？

使项目作品与课标相对应的关键问题是："什么样的作品可以让你有的放矢地评估学生对每项课标的掌握程度？"请注意，这通常需要结合几个项目作品才可以，因为一个作品往往不可能评估所有课标，团队共同创作的作品也不能用于评估单个学生的学习。而有些课标可能只需通过"较小"的作业或检查就可以评估，例如，一个小测验或一篇本身不被视为

"作品"的小作文。

　　以下两个表格揭示了"社区英雄"和"一切准备就绪"这两个项目是如何在最终的项目作品中展示关键课标的。

课标与项目作品的对应："社区英雄"项目

课标	项目作品	有效对应的证据
CCSS 英语语言艺术读写能力 RI.1.1 对文本中的关键细节进行提问和回答。 RI.1.2 辨别主题并复述文本中的关键细节。 RI.1.3 描述文本中两个人、事件、观点或信息片段之间的联系。 W.1.2 写作信息文本或说明文本，在文中准确陈述一个主题，提供与主题相关的一些事实，并有一定程度的结尾。 SL.1.1 针对 1 年级的话题和课文，与同伴和成年人进行小组或大组的合作性对话。 **C3 社会研究课程框架** D2.Civ.14.K-2 描述随着时间的推移，人们如何努力改善他们所处的社区。 D2.Civ.2.K-2 解释所有人（而不仅仅是正式领导者）如何在社区中发挥重要作用。 D2.His.3.K-2 就塑造了重大历史变革的个人和团体提出问题。	**个人项目作品** 通过绘画、雕塑、拼贴或其他艺术媒介来创作英雄肖像。 通过成段的说明文字来解释英雄是谁，以及这位英雄如何为他们的社区做出贡献。 **团队 / 全班项目作品** 一系列社区英雄所具备的共同特征。 **作品的公开展示** 在学校、当地图书馆或当地博物馆创建"英雄画廊"，并为参观者提供参观导引。	为了创作肖像画并做出解释，学生需要对文本进行阅读理解，从而提取关键细节并建立联系。 学生需要创作的画像解说词是信息文本或说明文本。他们会在项目中多次进行合作性对话。 为了找出当地的英雄人物，学生需要了解人们是如何改善社区的，以及他们在今天和过去所扮演的各种角色是什么。

课标与项目作品的对应："一切准备就绪"项目

课标	项目作品	有效对应的证据
CCSS 英语语言艺术读写能力 W.4.7 开展短期研究项目，通过调查同一主题的不同方面来构建知识。 W.4.2 撰写信息文本或说明文本，以研究一个主题，并清晰地传达想法和信息。 **新一代科学教育标准** 4-ESS3-2 生成和比较旨在减少地球自然进程对人类影响的多种解决方案。 3-5-ETS1-2 根据问题的解决标准和限制条件来生成和比较多个可能的解决方案。 **C3 社会研究课程框架** D2.Geo.10.3-5 解释为什么世界各地的环境特征各有不同。	**个人项目作品** 通过笔记以及向专家提出的问题来证明他们的探究过程。 **团队／全班项目作品** 制作有关如何最好地预防自然灾害的宣传活动计划或指南。 **作品的公开展示** 在当地社区或政府会议，以及面向社区所有成员举办的展示晚会上，介绍预防不同自然灾害的宣传活动计划或指南。	学生对自然灾害进行研究，并在他们的宣传活动计划或指南中书写相关内容。 学生在诸如成本、时间、实施难度等方面的限制条件下，生成并比较几种可能的方法，从而预防自然灾害，减轻其影响。各地区之间的差异也会被考虑在内。

※ 以课标为中心

当你在规划项目时，许多将项目与课标对应起来的工作，无疑是在规划和设计之初进行的。然而，如果我们想要确保学生在整个项目中都能实现深度学习，那么我们在项目实施的过程中，仍然要以课标为中心，这是至关重要的一点。

你可以通过学生的提问、形成性评估和反思来实现这一点。

学生的提问

正如我们在导言中所说，学生的提问是 PBL 持续性探究的核心。生成问题的过程从项目启动之时便开始了，并在项目过程中持续不断地进行——而你应该将这些问题与课标联系起来。

我们在第一章中说过，你不必在撰写项目的驱动性问题时使用与课标完全相同的语言。但是，学生如果明确了关于该主题他们已经掌握了哪些内容，以及为了回答驱动性问题还需要学习什么内容，你就可以指导他们提出与课标相关的问题。例如，如果驱动性问题是"什么样的人能成为社区英雄？"，那么学生可能会提出以下问题。

- 什么样的人能成为英雄？
- 谁是我们社区中的英雄？
- 英雄都会做什么？
- 社区英雄与"超级英雄"有什么异同？
- 我可以成为英雄吗？
- 为什么了解这些英雄是件重要的事情？

一旦学生明确了能够推动他们在整个项目中进行探究的问题，你就可以花一些时间和学生一起（或自己）将这些问题与课标进行匹配。问问自己，要回答这个问题，学生需要达到哪些课标的要求？按照课标来组织学生提出的关键问题，也可以帮助你找出项目设计的漏洞。

PBL 专家小贴士

让学生看见和理解课标

对于小学生来说，与一字一句地复述课标相比，用他们自己的语言说清楚学习目标更为重要。在一开始花时间让学生理解学习目标，有助于在整个项目中设定期望值。

一种方法是，在教室（或数码）墙上把课标张贴出来，适当地使用学生易懂的语言，同时展示与这些课标相对应的作品样例。

形成性评估

形成性评估的使用是 PBL 的一个显著特征，这一点我们会在第五章《评估学生的学习》中做出解释。形成性评估将帮助你衡量你的学生在整个项目中如何有效地朝着掌握课标的方向迈进。你可以从第一天分析学生须知问题的时候就开始，以此确定他们已经知道了什么，以及他们还需要学习什么知识。

在整个项目中，要把课标放在形成性评估策略的首要位置。比如：

- 把课标的语言置入你和学生制定的量规或其他质量评判标准。
- 当学生在批判性反馈规程或其他形成性评估中使用量规或评判标准时，让他们明确提及课标的相关内容。
- 确保其他形成性评估，如小测验、对理解的检查或对草稿和原型的反馈，跟课标直接挂钩。
- 让学生研究一个项目作品的样本，并讨论学习目标体现在哪些地方。例如，在某个州的旅游网站上可以发现有关地理的说明文写作。

反思

反思可以用来帮助学生内化课标，让他们真正做学习的主人。如上所述，学生越是积极地参与确定课标相关的须知问题、创建质量评判标准、定期检查学习掌握情况，就越能在整个项目中真实地反思自己的学习。

以下是一些学生可用于反思的参考问题。

- 哪些学习目标对你来说容易实现？
- 哪些学习目标对你来说比较难以实现？
- 你是如何实现学习目标的——什么对你最有效？
- 你可以或将做些什么来实现比较困难的学习目标？

除了与课标相关的学习目标外，这些反思性问题也可用于合作和项目管理这样的成功技能目标上。

结　语

除非你在整个项目中持续使用课标并明确地提到课标，否则这些课标就无法充分发挥作用。下面这些方法可以帮助师生将课标始终放在核心位置。

教师可以：

➤ 在教室（或数码）墙上张贴课标（适当地使用学生易懂的语言）以及与这些课标相对应的作品样例。

➤ 制作一份最终作品的图解说明，并标注作品的哪些地方体现了课标，是如何体现的。

➤ 在学生开展项目的各个阶段，每天都要明确指出他们正在对哪些课标进行学习和操练。

➤ 创建一份公开的、全班性的进度表并持续更新，以显示学生在项目中对课标的平均掌握进度。

> 为自己创建一份表单，追踪每个学生针对课标做了多少次练习，以及他们目前的掌握程度。

学生可以：

> 与教师共同制定质量评判标准，以确保自己可以理解课标话语体系下的高质量作品是什么样的。

> 为自己准备一份追踪档案，记下在掌握每项课标方面的进展，并随时更新。

> 在各形成性评估之间设立小目标以达成课标的要求。

第三章

建立
课堂文化

学生感受到的 PBL 课堂文化，与传统教学的典型课堂文化是截然不同的。尽管在做项目期间，学生有时也会安静地坐着听讲，但更多时候，你都会看到、听到、感受到两者之间的差异。

学生会非常积极。环境可能会变得嘈杂，但更多情况下这是一种"富有成效的嗡嗡声"。我们曾将 PBL 教室描述为一个健康高效的现代化学习场所。你会看到（非传统的）桌子，也许还有特殊的工作区，而不仅仅是一排排的单张课桌。你还可能看到学生在开展团队合作、使用技术工具或练习演讲。你会听到学生的声音。你会感受到包容性、相互尊重和共同的主导权。

简而言之，这是一个学习共同体。

在 PBL 的课堂上，教师会直接和间接地促进学生的独立和成长、开放式探究、团队精神，以及对质量的重视。

创造合适的文化会赋予学生目标感、投入的决心、参与感、挑战性和彼此相连的感觉，并培养包容和公平的价值观。

项目式教学评价量规中的"建立课堂文化"

▶ 用来指导课堂运行的公约由师生共同制定，并由学生实施自我监督。

▶ 经常性地、持续地让学生行使发言权和选择权，弄清楚学生想要在项目中解决的真实问题。

▶ 在得到教师点到为止的指导后，学生通常就知道他们需要做什么了。

➤ 学生在健康高效的团队中协作，就像在真实的工作环境中那样；教师很少需要进行团队管理。

➤ 学生明白不存在唯一的"正确答案"或做项目的最佳方法，也知道冒险、犯错并从中吸取教训，都是没有问题的。

➤ 学生对批判性反馈和修改的价值、坚持不懈和严谨思考的价值，以及创作高质量作品带来的自豪感具有共识，并为彼此负责。

文化是"一个机构或组织的成员所持有的共同态度、价值观、目标和实践"。文化的创建不是一天或一星期就能完成的，而是一个持续不断的过程。在本书的好几章中我们都会谈及文化的方方面面——它体现在你设计项目、参与和指导教学、评估、搭建学习支架和管理的方式中。本章我们将重点讨论打造和维护文化的其他策略。

PBL 专家小贴士

成为温控器，而不是温度计

《温控器文化》（*Thermostat Cultures*）一书的作者杰森·巴杰（Jason Barger）为团队的管理者和领导者提出了以下建议，这也可以用于描述教师在建立 PBL 文化方面起到的积极作用。

"温度计只能读取房间的温度。它是一种反应工具，它能做的只是告诉你房间的温度。而温控器却可以设定温度、调节温度和控制温度。温控器可以促成积极的文化变革。"

※ 为什么课堂文化很重要

健康的课堂文化使师生感觉更佳，同时也有助于课堂管理和项目管理。它不仅可以让学生和教师感受到温暖、舒适和自在，还可以提升学习、促进公平。

教育研究提供的大量证据表明，学校和课堂文化可以对学习产生积极影响，对于一直以来都缺乏教育机会的学生群体来说尤其如此。正如文献所说：

> 课堂环境是影响学生学习的一大重要因素。简单来说，当学生认为自己身处一个积极、支持的学习环境中时，他们会学得更好（Dorman, Aldridge, & Fraser，2006）。积极的学习环境，是指学生有归属感，可以信任彼此，并且在应对挑战、承担风险、提出问题之时会受到鼓励的环境（Bucholz & Sheffler，2009）。
>
> ——琼·扬（Joan Young），《课堂中的鼓励》
> （*Encouragement in the Classroom*；ASCD，2014）

> 那些拥有归属感并且认为自己受到了老师和同学重视的学生，能够更充分地参与学习。他们更少出现行为问题，对批判性反馈持更加开放的态度，能更好地利用学习机会，建立重要的人际关系，而且对待课业和教师的态度普遍更积极。反过来，在面对困难时，他们更懂得坚持不懈，在学校表现也更好。
>
> ——卡丽萨·罗梅罗（Carissa Romero），《从科学研究中了解到的归属感》（What We Know About Belonging from Scientific Research；Mindset Scholars Network[1]，2015）

---

[1] 即斯坦福大学思维学者网络（简称MSN），其创建的目的是以科学方法进一步理解学习的心态，以改善学生的学习成果。2021年3月改名为学生体验研究网络（Student Experience Research Network，简称SERN）。——译者注

坚信自己在学术层面和社会层面都与他人密不可分，都受到他人的支持和尊重……这种归属感是三大学习思维之一——除了归属感之外，另外两种学习思维是"成长型思维"和"使命感与相关性"，它们共同帮助我们理解动机的深层结构。归属感有助于塑造学生对自身、对自己的潜力和对学习环境的看法，并且很可能给历来被边缘化的学生群体带来更多益处。

> ——伊恩·凯莱赫（Ian Kelleher），《如何利用高期望值增强学生的归属感》（Using High Expectations to Boost Students' Sense of Belonging；Edutopia，2020.12）

用于远程学习　PBL 文化 = 最有效的方法

据报道，PBL 在 2020 年的远程学习环境中取得了显著的效果，在本书导言中我们也曾提过这一点。可以说，文化是保证 PBL 成效的一大因素。

著名教育研究者琳达·达林-哈蒙德（Linda Darling-Hammond）在 2020 年的报告《重启学校，重塑校园》（*Restarting and Reinventing School*）中谈道：

> 一支由 400 多名研究人员组成的团队为这一时期（新冠肺炎时期）的教育提出了建议，他们敦促学校"尽可能地提供个性化、有吸引力的教学"。当教学始于有意义的问题时，当学生有机会与他人互动、进行探究时，当学生可以在有意义的环境中亲身体验并实际应用时，当教师对学生在具有身份认同感的环境中的所做所思提供经常性且丰富的反馈时，学习才最有效果。

假如你正在开展远程教学或混合式教学的话，以上这段引言对你有什么启示呢？

◈◈◈

✳ 通过人际关系建立文化

为了打造 PBL 文化，教师应在开学第一天就将人际关系（包括师生关系以及学生关系）确立为优先事项。

可以从简单事项开始做起，如每天早上在门口（或在学生进入视频会议室时）与每个学生打招呼，并正确说出他们的名字。这样一个小小的举动就可以让学生在那一刻感受到自己的存在，愿意重新投入学习。这背后传递出了一个强大的信息，即他们作为个人以及班级一员是受到重视的。这也展示了你对学生给课堂带来的智慧和认知方式的尊重。我们希望学生明白，他们已经掌握了很多知识，可以很容易地在此基础上开展项目，并将这些知识应用到项目中去。

在闲暇时间或课外时间询问学生的生活情况（如，做了什么运动，有什么兴趣爱好，周末做了什么），不仅可以帮你更多地了解学生，还可以为设计有意义的项目、管理活动、吸引学生参与和指导学生提供思路。投入时间去了解你的学生，了解他们的兴趣、长处和需求，从长远来看是很值得的。

学生可能一开始没有做好展现自己的准备，尤其是在第一年最开始的阶段，那么就要建立起相互信任的关系。无论你和学生是同在一间教室里，还是在远程学习或混合式学习的环境下（网络环境下需要进行隐私设置），你都可以通过以下的方式来了解班上的学生。

了解你的学生

	在教室中	在远程学习或混合式学习中
收集有意义的班级数据	可以把学生的个人信息，如生日、兴趣、爱好、经历和文化背景，做成一张班级图表，找到共同点，展示不同点。	可以使用 Google Forms 收集数据并转换为图表。教师可以与学生分享图表，让学生分析结果。
兴趣调查	让学生写出或画出问题的答案，例如： ·你对什么感兴趣？ ·你喜欢做什么？ ·什么对你来说很容易做到？ ·你想进一步学习什么？	使用 AnswerGarden 或其他在线词汇云图生成器，让学生在其中添加他们对调查问题的答案。看着答案越来越多，词汇云图也在慢慢变大，这是一种吸引学生参与的方式，能让他们了解同龄人的想法。
在学生进教室时，向他们问好	在门口叫出学生的名字*，用积极的语调和他们打招呼："早上好！"或"很高兴你今天来上课。"还可以加上一个特别的手势或与他们握手。 * 如有必要，记得练习他们名字的正确读法。	在进行视频会议时，如果学生进入了"教室"，请用他们的名字*和一个明显的个性化手势向他们问候。可以考虑让学生给自己起个昵称。 * 使用录音工具，让学生说出他们的名字并录下来，这样你就可以练习发音比较难的名字了。
家庭调查	向学生所在的家庭征询信息或建议，有助于在家校之间建立伙伴关系。	可以使用诸如 Google Forms 和 SurveyMonkey 这样的数字工具来收集源自家长的数据信息。
与家庭的沟通	可以把班级简报寄到学生家中，也可以将学生的表现写成简单的书面反馈，或打电话分享班级的学习情况和个别学生取得的成就，这些都是建立信任的好方法。（要记得做好追踪记录，确保你能接触到班上的每一个家庭。）	建立一个班级网站*或博客来发布班级新闻，这是公开分享班级学习情况的一个绝佳方式。社交媒体，如 Twitter、Instagram 和 Facebook 是分享课堂活动瞬间的好工具。 * 请确保你已获得发布照片的许可，或设置一个隐私群组。在需要对外展示时，可以使用表情符号遮挡住孩子们的脸。

	在教室中	在远程学习或混合式学习中
学生的写作	让学生给未来的自己写一封信,讲讲他们对即将到来的这个学年有什么期望。 让学生写一份"你需要了解的关于我的十件事",或完成一些吸引人的写作任务。不要设置过多的限制,以便学生给出更多面的答案。	请学生用"让老师认识将来的我"为题目写一封信,以学年结束的日期为截止日期。年龄较小的学生可以把自己对即将开始的这一学年的期望录下来,然后在 Seesaw 平台上分享。
朗读和反思	让学生阅读一些能够突出某个重要主题的绘本,其主题可以是身份认同、独特性和面对新挑战的勇气,如杰奎琳·伍德森(Jacqueline Woodson)的《开始的那天》(*The Day You Begin*)。要求学生以写作或绘画的方式,去反思这本书对他们的意义。	Storyline Online 这一网站上的儿童绘本质量很高,这些绘本故事由专业的演员进行朗读。在看完一个故事后,让学生进行反思,并在分组讨论或班级讨论中与同学分享自己的思考或画下来的图画。
每日一问	让学生每天回答一个问题,例如:什么会让你感到快乐?你最喜欢的书是什么?如果你能去世界上的任何地方,你想去哪里?把他们的答案收集起来在公告板上展示,并讨论大家的相似之处。	Flipgrid 是一个很好的技术工具,可以用于学生实时回答问题。而使用在线会议平台的分组讨论室(如 Zoom 或微软的 Teams 这样的平台)则是在实时会议中分享答案的好途径。
兴趣墙(或"展示与讨论"活动)	让学生把他们非常喜欢或非常感兴趣的东西的照片或者实物拿到教室里,挂在教室的墙上或公告板上。	Padlet 是一个电子公告板(它还有更多的功能),可以用来发布视频、照片和语音备忘录供他人观看。

追踪学生的兴趣和特点

使用日志、笔记本、便笺卡或电子文档来记录学生的名字、兴趣、技能以及其他相关信息。在整个学年中，每当你了解到学生的一些有趣信息时，就可以把它们添加进去。

※ 建立学生文化

在 PBL 中，建立学生之间的积极关系与建立学生和教师之间的关系一样重要。在课堂上培养合作精神，并不仅仅是把课桌分组摆放并贴上"团队"的标签那么简单。它还需要你有目的地为学生创造机会，让他们相互交流，相互学习，并感受到自己是团队的一分子。（了解有关如何建立健康的学生团队的更多内容，请参阅第四章《管理教学活动》。）

对于许多小学课堂来说，开学的第一周充满了各种"了解……"的活动。对于 PBL 课堂来说，头几周的活动不仅应该包括"关于我的一切"这样的个人介绍活动，还应该包括"关于我们的一切"的团队建设活动。STEM 课的活动或像"棉花糖挑战"①这样的设计挑战，都是达成这一目的的完美选择。你也可以尝试卡甘合作学习②活动和 teampedia.net 这个网站

---

① 棉花糖挑战（Marshmallow Challenge）是一项有趣且富有启发性的体验式活动。活动要求参与者在 18 分钟内使用 20 根意大利面、1 颗棉花糖和 1 卷胶带，来构建不需支撑的最高建筑。活动可以让团队简单地体验协作、创新和创造等。——译者注

② 卡甘合作学习（Kagan Cooperative Learning）是合作学习理论中一个重要的分支，由美国加州大学心理学和教育学教授斯潘塞·卡甘（Spencer Kagan）提出，是一种用来规定学生与学生、学生与教师、学生与学习内容之间如何发生互动的教学策略。——译者注

上的团队活动。要记得在每个活动结束后，花一定的时间在班级中对活动进行反思和消化。这时可以带着诸如这样的问题来思考：为了让你的团队取得成功，你都做了什么？在团队合作方面，你学到了什么？

请记住，虽然以这些活动开启新一学年非常重要，但是在一整年里持续建立课堂中的人际关系也很重要。学生的兴趣、能力和需求都在不断地成长和变化。以下是有助于创建合作文化的其他活动。

- 为学生提供机会，让他们围绕自己感兴趣的小项目或作业展开合作。
- 使用不同的活动结构（比如"思考—结对—分享"或"内外圈讨论"）来支持学生之间的互动和交流。
- 定期调整座位。
- 创建一个数字化课堂讨论论坛，让学生对有关文化或知识内容的学习提示做出回应。
- 在课堂中融入恢复性对话圈①和其他一些做法，帮助学生相互了解。
- 与学生小组共进午餐，谈论他们在课堂之外的兴趣和活动。

> **用于远程学习** ▷ **使用分组讨论室进行团队建设**
>
> 如果你在使用 Zoom、Google Meet 或其他在线会议平台的话，可以利用分组讨论室让学生在小组里解决难题和做游戏。图画猜字、寻宝游戏、设计挑战、说出听到的声音或猜字游戏都是让学生互动的好方法。当每一名学生从他们的分组讨论室回到班级大组后，可以让他们向全班分享自己的活动体验。

---

① 恢复性对话圈（restorative circles）是一种讨论技巧。参与者围坐成一圈，通过平等的机会分享和倾听，以建立或恢复彼此之间的关系。这种方法可以为营造安全和可信任的课堂环境奠定基础。——译者注

❋ 用共同的信念、价值观和规范来建立文化

以下是建立和维护 PBL 文化的一些信念和价值观。

- 我们会相互尊重，回应多元的文化，欣赏不同的学习方式、倾向、背景和经历。
- 我们有着很高的期望，也具有成长型思维——只要有恰当的学习支架和因材施教的机制，每一个学生都可以而且一定会取得成就和成功。
- 我们对所做的高质量项目感到自豪，这也是我们重视批判性反馈和修改、坚持不懈的精神和严谨思考的态度的原因。
- 我们重视探究和提问，了解项目的驱动性问题是开放的——做项目没有唯一的"标准答案"，也不存在最佳方法。
- 我们重视安全感——做真实的自己、让别人听到你的声音、提出问题、承担风险和从错误中吸取经验都是安全的。

你使用的语言

我们的语言会揭示我们的信念、意图和关注点。花点儿时间反思和检查你使用的语言，看看它是否满足了你对课堂文化的期待。詹姆斯·彭尼贝克（James Pennebaker）在《语言风格的秘密：语言如何透露人们的性格、情感和社交关系》（*The Secret Life of Pronouns: What Our Words Say About Us*）一书中指出，"更温暖"的个人语言会较少地使用指示代词（如这个、那个），而更多地使用人称代词。在学习过程中使用更具包容性的人称代词（如我们）有助于建立"团队思维"。

例如，比较"要想回答这个驱动性问题，你需要进行研究"和"要想回答我们的驱动性问题，我们需要进行研究"就能看出，这两个陈述句的语气和意图是不一样的。当然，仅仅用复数取代单数也是没有意义的，因

为有些对话是针对学生个人的。最关键之处在于：慎重选择你使用的语言，因为它们有着重要的意义。

团队公约或规范

规范，也被称为团队或课堂公约，是关于师生如何对待彼此的共同声明。如下表所示，规范与规则并不相同。你和你的学生要共同创建规范，这样你们才能"与之共存"，这一点是非常重要的。更重要的是，除了共创所使用的语言之外，学生还需要在一整年中不断反思和讨论这些规范，进而将它们内化于心。在项目启动之前，回顾团队公约是触发反思和改进的一个绝佳时机。

规则	规范
由教师制定。	由团队共同制定。
保持可控性。	确立我们共同学习的最佳方式。
无商量余地。	可商议，且不断发展。
要被遵循。	需要维护。
教师强制执行。	学生和教师互相监督。
防止混乱的发生。	提升学习效率和责任感。

团队公约应当简洁（不要超过六条或七条），用学生容易理解的语言来编写，并适用于课堂上的每个人。这些公约应当张贴在教室里，方便大家查阅，并且成为师生对话和互动的一个基准点。

理想情况下，师生应该在开学第一周就规范达成一致，但也可以在一整年中以班级为单位进行回顾和修订。下面是一个共创规范的流程示例。

与学生共同创建团队公约

第1步	组建多个小组，每个小组由三四名学生组成；用10—15分钟的时间，引导各小组进行低风险的合作挑战活动，比如"意大利面挑战"①"纸牌塔"②和"筷子挑战"③等（你可以在网上找到更多类似的活动）。
第2步	带领各小组使用反思规程对他们的团队合作进行反思。首先，让学生单独思考在活动中"是什么使团队取得了成功"和"团队的挑战是什么"。然后，队友们分享彼此的个人反思，并讨论是什么使项目获得了成功，以及困难是如何被克服的。
第3步	提出班级规范／公约的概念，并讨论其重要性。使用一些教学提示语，例如："我们想怎样合作呢？"
第4步	每个小组利用他们的反思和讨论的结果来创建一套可在全班应用的规范。
第5步	每个小组以口头或"画廊漫步"的方式，向全班的同学分享他们制定的规范，并寻找各小组制定的规范之间有什么共同点。在审查了每个小组提议的规范之后，全班学生一起对这些规范进行精简、排序和细化，以此创建一个清晰、简洁的规范列表，并将其张贴在教室里。

---

① 意大利面挑战（spaghetti challenge）类似前面提到的棉花糖挑战。这一挑战是使用意大利面为主要材料，配合胶带、细绳等其他辅助材料，在给定的时间内进行模型搭建的团队挑战活动。——译者注

② 纸牌塔（index card tower）是一种团队搭建挑战活动。团队成员在规定的时间内，使用纸牌或索引卡片来搭建尽可能高且稳定的塔。你可以通过增加不同的限制条件来提升挑战的难度，比如纸牌塔必须要能承受一个小毛绒玩具的重量等。——译者注

③ 在筷子挑战（chopstick challenge）中，参与者以小组为单位，用筷子把一个盘子中的物品一件一件地夹到另一个盘子中，比如夹弹珠。——译者注

团队公约并非适合每位学生

在全班学生一同制定班级公约或小组拟定各自的小组规范时要注意，对大多数学生都非常有用的公约，对某些学生来说却是难以遵守的。例如，"在讨论中大声说出并分享你的观点"对于那些害羞或有社交障碍的学生，或需要更长时间才能理解的学生来说，可能会非常困难。因此，教师要指导学生制定尊重不同学习方式、思考方式或工作偏好的规范。在达成共识的时候，避免采用"少数服从多数"的简单方法。

下面这个例子就是一个师生共同创建的 PBL 课堂规范。这套规范来自 3 年级教师亚历山德拉·桑切斯（Alexandra Sanchez），他和学生将其命名为"使命宣言"。

123 小队的使命宣言

在我们班里，我们要寻找每个人、每件事的优点。我们会尊重彼此的爱好，追寻我们的梦想。我们永远信任自己和他人，表达我们的想法，并且互相支持。我们想被怎样对待，就会努力那样去对待他人。我们也要有包容心和尊重他人的态度，互相体谅，乐于助人。我们会传播爱并度过美好的一年。123 小队，加油！

❋ 为成长型思维和探究而建立文化

研究员卡罗尔·德韦克（Carol Dweck）在她的 Ted 演讲中说道：

> 我们都在学习的旅途上。你尚未完成某项任务，并不意味着你不能完成或不应该去尝试完成它，当然，你更不应该放弃。

如果你的课堂文化致力于培养成长型思维，那么这种文化就会创造出一种"你做得到！"的态度。这是一种共同的信念，即尽管事情并不总是一帆风顺，我们却可以完成它。在你对所有学生抱有高期望的同时，每个人都会知道，要取得得成功，就需要耐心、努力、时间和毅力。

"尚未"这个词是对学习之旅的一个很好的概括。那么，"我不理解那个问题"这样的说法，就会变成"我目前尚不理解那个问题"。一个词就改变了句子的含义，使它从一个绝对的陈述，变成学习者在理解中不断发展和成长的观点。

在项目中，培养成长型思维的关键方法就是利用批判性反馈和修改，它也是黄金标准 PBL 的项目设计核心要素之一。它给学生传达的信息是，我们总是有改进的空间。批判性反馈规程（我们将在第四章《管理教学活动》中阐释具体如何开展）也是赋予学生更多独立性的一种方式，能让学生在反馈的过程中拥有发言权。批判性反馈有助于文化的建立，因为学生之间存在着互动。通过互动，他们得以了解彼此的学习任务、分享观点，并反思自己取得的进步。

同样，持续探究是另一个有助于逐渐培养学生成长型思维的项目设计核心要素。好奇心促使学生提出问题，并寻找答案。在循序渐进的探究过程中，随着问题的解答和更多问题的提出，学生的理解力会不断提高，并想要学习更多的知识。

在启动项目前，你就可以着手建立一种探究的文化。2 年级教师谢里·格里辛格（Sherry Griesinger）使用了"求知墙"来鼓励学生提出问题并保持好奇心。在记录完问题后，她会邀请学生一起回答一个问题："作为拥有好奇心的学习者，我们如何才能找到问题的答案？"通过这样的做法，谢里不仅确认了学生提出的问题，还让学生感受到了主观能动性，并开始为学生回答问题的过程搭建教学支架。

求知墙

用于远程学习

数字求知墙

Padlet 和 Jamboard 是组织和管理学生问题的绝佳工具。它们不仅可以用来制作"求知墙"，而且就如你会在下一章读到的，它们还可以用于制作项目墙或学生提出的须知问题列表。

※ 用规程和常规来建立文化

尽管每个项目都各具特色，但如果学生都理解"我们在课堂上的做事方式"，教师就更容易创建帮助他们在任何项目中取得成功的文化。课堂中的常规①给学生提供了他们所需的预测能力，使他们能够驾驭由多个部分组成的项目，同时还能专注于学习目标。规程和常规还能促进公平参与，以及有意义且高效的沟通。

课堂常规也会大大降低管理项目的难度，这一点我们将在下一章详细说明。在创建常规的时候，要优先考虑那些适用于多个项目的常规，比如反馈规程、研究方法、讨论规程和形成性评估。

人们通常会认为常规是比较单一死板的，但其实常规的一惯性和可重复性反而有利于教师灵活教学。比如，你发现学生出现了误解或大家产生了同样的好奇，你可以对学生说："嘿，有些团队似乎有了很酷的想法，那么让我们布置一下教室，做一个 10 分钟二对一的'鱼缸会议'②，快速探索一下我们的新想法吧。"或者说："我发现大家都犯了一个相同的错误，让我们快速做一个画廊漫步吧。"让学生先了解怎么做这些准备和他们要如何进行参与，这样当必要的（或偶然触发的）学习契机出现之时，学生就能马上开始进行深入的学习研究。

利用常规加强规范

常规活动和共同的做法在课堂规范的制定与推行中起着核心作用。一个典型例子就是"我们互相尊重"这一条没有人会质疑的规范。但如何在

---

① 常规（routine）是指在某一课堂环境中做某件事的常用方式，例如收作业、讨论、反思等。学生熟悉这些流程后，教师只要简单说明，他们就知道如何去做。——译者注

② 鱼缸会议（fishbowl）是一种讨论的规程，它可以被用来做示范、讨论或者同伴反馈。通常做法是"鱼缸"内（里圈）的一小群人积极参与讨论，而更大的一群人在外圈聆听和观察整个过程。之后可以交换里外圈的角色。最终每个人都当过参与者，也当过观察者。——译者注

课堂上贯彻这样的规范？答案是通过制定和实践课堂常规，为其注入生机和活力。例如，教师可以在墙上张贴一些如何谦敬地提出不同意见的句首结构，供学生在讨论时参考，如："我明白你的观点了，但我想知道如果……？"或"对此我有一个不同的看法……"

此外，下课通行证[1]或其他定期的快速写作可以围绕"尊重同伴"这一概念展开，鼓励学生去反思在课堂上他们受到同学尊重时的感受，或他们看到的尊重他人的行为都有哪些。创建课堂常规活动和实践方法来支持你们的班级规范，并向学生明确阐述它们之间的关系，这有利于打造一个增强学生独立性和责任心的良好课堂环境。

有些用于 PBL 文化建设的课堂常规活动，也可以用于传统课堂，但是它们对 PBL 课堂意义非凡，比如：

1. 思维路径[2]和讨论常规

在学生阅读文本、思考和交流想法或进行讨论时，可以使用常规活动来强化课堂中的价值观和规范，比如"看见—思考—发问"和"思考—结对—分享"。（如需更多信息，可访问 visiblethinkingpz.org，参阅哈佛大学的"零点计划"。）

2. 开场与收尾

以常规活动开启一堂课，通过这些活动让学生思考并大声分享他们今天要做什么，以及如何将这件事与特定规范联系起来。在下课时，让大家再一起回顾规范是如何被使用的，或者项目式学习是如何反映规范的。

---

[1] 下课通行证（exit ticket）是一种简单快速的课堂评估方式。教师会在下课前，让全体学生就本次课提到的几个关键问题，在一张纸上进行书面回答，然后上交，以此作为下课的"通行证"。——译者注

[2] 思维路径（thinking routine）来源于哈佛大学"零点计划"，是用设计好的一组问题或一连串简要的步骤来帮助和支持学生学习和思考。思维路径有很多种，教师可以根据学习场景和讨论的需要来选用。——译者注

3. 庆祝

在整个项目中，与学生一起寻找值得庆祝的事情。它可能是一条与"成长型思维"相关的规范——当你或学生看到有人战胜了困难或学到新东西时，要大声欢呼给予肯定；还可能是一条与"互相帮助"相关的规范——当有人得到了他人的帮助时，要记得跟对方碰碰拳以示感谢。

※ 用环境建立文化

通过观察教室的墙面、课桌椅和设备的摆放方式，以及展示的学生作品类型，你可以了解到很多有关课堂文化的信息。这些也会传达出课堂所强调的价值观。

那么当我们走进一间 PBL 教室时，应该观察些什么呢？

- 项目墙。这是一个专门设立的空间（例如公告板），上面展示了项目的相关信息，从教室的各个位置都可以清楚地看到。（更多内容可以参见第四章中关于项目墙的部分）。

- 学生作品和项目进程中的学习证据。墙面上和课桌上可以看到草稿、大纲、迭代的各个版本的项目作品、量规和反馈表。这些都表明思考、成长型思维和高质量的项目作品得到了重视。

- 有助于开展小组合作的家具。课桌的摆放会为学生小组共同开展学习任务提供便利。（见第四章《管理教学活动》）。

- 墙上张贴的勉励性话语。这些有助于激励学生，并提醒他们注意共同的 PBL 文化。例如：

  - 学无止境。

  - 吃一堑长一智。

  - 我们做得很棒！

  - 我们可以提出很多问题。

■ 对团队公约或规范的展示。这些应该张贴在每个人都能看到的地方，便于参考。

结　语

在本章最后，我们想重申以下三大关键要素在建立恰当的PBL文化中的重要性。它们就像一条主线一样，贯穿了我们给出的大部分建议和想法。在不断深化你的PBL实践之时，请始终牢记这三点，在阅读本书其他章节时也是如此。

▶ **人际关系**。你如何更好地了解学生，如何与他们建立更紧密的联系，如何让学生之间也建立更紧密的联系？

▶ **独立性**。你如何鼓励和支持学生，让他们成为自主学习者？

▶ **自主性**。你如何培养学生的主观能动性，让他们把项目视为自己的项目，而不是教师的项目？

＊＊＊

＊ 笔记 ＊

第四章

管理
教学活动

正如我们在上一章所说，管理得当的 PBL 课堂无论是看起来还是感觉上，都与传统教学方法主导的课堂不一样。在传统课堂上，学生往往乖乖地坐在座位上，听着老师讲课，做着笔记，或者顺从地参与活动，以尽可能多地吸收知识。而在 PBL 课堂上，学生通常在独立学习，而教师则在巡回指导。学生也可以参与一些安排好的活动，但并非每一步都由教师带着做。

值得我们注意的是，虽然 K-2 阶段的学习更需要教师的指导，较少强调独立学习，但即便如此，你偶尔也会看到这些低年级学生像高年级学生那样，以小组或结对的方式学习，根据需求利用资源，或在有需要时与同伴或教师沟通。

教师不必每时每刻都在教室前领着学生学习，他们可以把大部分时间用于监控和指导学生互动，对个人或团队给予一对一的帮助，或提供差异化的支持。

这种课堂氛围不是凭空出现的，也不是一夜之间就能形成的。它是我们通过建立恰当的课堂文化、谨慎地使用管理工具和管理策略来着力营造的成果。前者我们在上一章已详细说明，而后者我们将在本章进行讨论。

项目式教学评价量规中的"管理教学活动"

▶ 课堂上有合理的个人和团队活动时间；既有全班讲解，也有小组辅导。

> ▶ 在项目实施期间，始终遵循课堂常规和规范，以最大限度地提升效率。
>
> ▶ 使用项目管理工具（小组日历、团队公约、学习日志等）来支持学生培养自我管理能力和独立性。
>
> ▶ 设定切合实际的时间表、检查节点和截止日期，但又有一定的灵活度；没有瓶颈期阻碍工作流程。
>
> ▶ 根据项目的特征和学生的需求组建均衡的团队，在此过程中赋予学生适当的发言权和选择权。

肯·罗宾逊（Ken Robinson）爵士说："每个农民或园丁都知道不能拔苗助长。植物是自己生长的。你要做的就是为生长提供条件。"这是一种思考如何对 PBL 单元进行管理的好方法。管理项目教学活动的关键在于结构。就像园丁不是只将种子撒在地上就期待所有植物都能茁壮成长一样，PBL 教师会仔细设定课堂结构和常规活动并监测学习进度，以确保学生能成功地完成项目。

建立课堂结构既包括布置真实教室（或在线空间），又包括制定指导学生学习，并使学习任务顺利开展的规范和常规活动。建立适用于所有项目的有效结构，有助于避免项目变得烦琐，也有利于学生保持对学习目标的关注。

※ 布置教室空间

在布置 PBL 教室空间时，先研究一下教室的布局。想一想，这样的布局是否有利于以学生为中心的文化的形成？是否可以满足班上不同学生的需求？是否为学生提供了合作和独立学习的机会？

戴维·索恩伯格（David Thornburg）提出了三种原型学习空间，学校可以用它们作为学生（甚至是成人）学习的物理空间和虚拟空间（Thornburg，2013）。

- 营火型。在这种学习空间中，人们会聚集在一起向专家学习。这是教师、项目专家或学生可以有效共享信息的场所。
- 洞穴型。这是一种私人学习空间。在这里，人们可以思考、复盘、将从外部学习的知识转化为内在的信念。教师可以用海报纸或置物架制成临时小隔间，来鼓励这种个人学习。有些教师还会放置懒人沙发或高脚凳，让学生避开教室里的干扰。
- 水源型。这是一种非正式空间。同学们可以在这里共同分享信息和发现，同时扮演学生和教师的角色。共享空间和共享桌椅可以成为创想孵化器。

在项目中，各项目小组可能会处于项目进展的不同阶段。有时他们可能需要单独开展个人任务，有时可能需要小组合作。下面讨论到的这些教室空间的布置可以促进团队合作，并在项目进程中满足学生个体的需求。

项目墙

许多 PBL 教室都会设立项目角，将其作为课堂中的视觉"中心"。你可以利用这一"中心"来管理项目开展时的关键信息。"项目墙"是一块公告板或一面墙（实体墙或数字墙），其外观和承载的内容可以不同，但都被用作一种动态的教学工具，在整个项目进行过程中指导学习和管理项目。

项目墙是创建课堂环境和课堂文化的重要组成部分，学生可以通过项目墙主导自己的学习和成果。设置一块查询项目相关信息的核心区域，可以让学生了解到他们在学什么，是怎么学的，以及如何去完成项目。这样做可以帮助学生培养自我管理能力和责任心，减少学生对教师的依赖。如果有人来参观你的教室，项目墙也是非常有用的参考——它可以立即为访客提供清晰的概览，让访客了解学生目前正在做什么和为什么这么做。

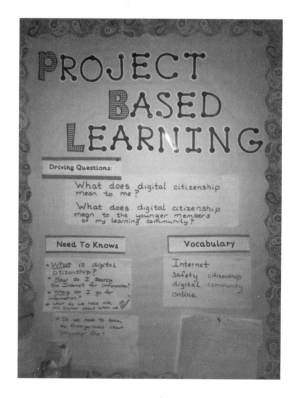

项目墙

项目墙上展示的信息可能包括以下内容。

- 驱动性问题
- 须知问题列表
- 项目日历
- 词汇表
- 资源（或资源列表）
- 量规和样本

高年级的教师可以给学生分发项目信息单，也可以在教室或线上设立一个"项目中心"，以便学生从中获取关键资源。项目信息单上的信息可以和项目墙保持一致，但你应将这些信息写在一两页纸上，然后存入活页夹或文件夹供未来参考。你也可以创建数字项目信息单，即共享文档或网页，以便在整个项目的开展过程中添加实时的链接，为学生提供有用的学习资源。

PBL 专家小贴士

创建数字项目墙

你可以使用 Padlet、Wakelet 等数字公告板工具创建虚拟项目墙，也可以简单地创建一个网页或超文档。请确保你的数字项目墙条理清晰且具有视觉吸引力。使用图标或图像直观地表现项目墙的每个元素，并确保将链接设置为在新选项卡中打开，这样学生和家长便可以轻松地返回数字项目墙的中心位置。

你可能也想创建虚拟教室环境以存储项目的相关资源。如果你已在使用 Canvas、Google Classroom、Schoology、SeeSaw 等学习管理系统，请确保将项目墙链接到系统中学生很容易找到的显著位置，以便他们在开展项目学习时可以独立参考。你可以在班级或学校的网页中提供项目墙的链接，以便家长访问。

※ 建立项目管理常规

教师兼作家露西·卡尔金斯（Lucy Calkins）在描述"写作工作坊"时，提出了一个适用于管理 PBL 课堂的观点：

值得注意的是，我们社会中最有创造力的环境并非是不断变化的。艺术家的工作室、研究人员的实验室和学者的图书馆，都刻意保持简单，这反而有利于复杂工作的进行。人们有意让这些场所一成不变，这样出乎意料的事情才会发生。

规程和思维路径为学生之间的互动提供了目的性更强且更有效的组织结构。学生熟悉的常规活动有助于简化 PBL 课堂的管理流程，还有助于有效利用时间（项目时间似乎总是不够），因为在项目中学生常常要弄清楚正在发生什么，以及他们应该做什么，而这些常规活动可以减轻学生的认知负荷。

以下是一些有助于提高课堂常见场景的效率，以便最大限度地利用学习时间的常规活动。

常见场景或 课堂活动	常规活动样例
一堂课的开始以及结束	安排"签到、签退"活动，即以团队签到问题开始课堂或以签退问题结束课堂。这可能包括回顾项目须知问题、确定或反思当天的学习目标和项目目标，或检查学生对课堂规范的理解情况。
独立学习、小组学习和大组学习之间的切换	教授进行这些切换的明确信号，并与学生一起练习。使用可视化的信号（例如，教室前方的某个标志或表盘）或诸如音乐、铃声这样的声音信号，来表示某个时间要进行的互动类型，以及与之相对应的预期行为。
分发和收集项目的物料	让每个项目小组的一名成员在项目期间扮演一个特定的组织角色，如物料管理员。 在教室里留出一个特定的位置，专门用来摆放项目物料，这样学生就可以很容易地找到和归还物料。

常见场景或 课堂活动	常规活动样例
小组或个人在学习中"卡壳"时，如何寻求帮助	实施"先问三人再问我"的策略，或者选派学生代表充当某项具体技能或任务的专家（在学习新内容时不要使用后者）。 设置"咨询台"或"办公时间"①的队列或报名表。
小组讨论	运用微型实验室规范流程②，来实施诸如"说些什么"③这样的文本规程和"思考—疑问—探索"这样的思维路径，这有助于学生平等地参与课堂讨论。
检查是否达成共识或做出决策	使用"五指表决"④来了解学生对一项提议的认可程度。如果学生有不同的想法，可以让他们做几轮步骤明确的观点分享。

※ 用检查节点和项目管理工具管理工作流程

随着项目进程的推进，学生的进展速度必然不同。这对于习惯了课堂上每个人都保持相同学习进度的教师和学生来说，可能会令人不安。但

---

① 咨询台（help desk）和办公时间（office hours）是为学生在项目中遇到问题需要求助时设定特定地点或时间统一回答学生提问的一种方式。——译者注

② 微型实验室规范流程（microlab protocol）是一种鼓励积极思考和讨论的思维路径。参与者先轮流分享自己对讨论主题的看法，其间其他人注意倾听和反思，待所有人分享完毕后再展开全员参与的公开讨论。这种方法有助于学生成为更好的倾听者并学会与他人的想法建立联系。——译者注

③ 说些什么（say something）是一种结对阅读的策略，旨在为学生提供一个反思阅读文本的规程。参与者先确定要阅读的文本节点及关注的问题，然后两人一组默读完毕进行讨论。重复这一过程直至选定文本全部阅读完毕。最后全体参与者再共同探讨该文本。——译者注

④ 五指表决（fist to five）是指用拳头、一个手指、两个手指、三个手指、四个手指和五个手指这几个手势来表达对某项决定和提案所持的立场。——译者注

是，在整个项目中嵌入阶段明确的检查节点，可以缓解这方面的担忧，并使项目的工作流程更加清晰。

你会发现项目检查节点对你和你的学生来说是一种双赢。

对教师而言，检查节点可以	对学生而言，检查节点可以
指导项目规划。	通过自我管理技能增强独立性。
提供进行形成性评估和给予反馈的多种机会。	通过将项目分解成更小的可实现的步骤来保持参与度和动力。
快速且可视化地追踪学生的进展。	促进高质量作品和学习成果的达成。

项目检查节点的形式多样，包括：

- 快速检查
- 教师会面
- 同伴反馈会议
- 学生讨论规程

- 自我评估
- 设定目标和行动步骤
- 访谈
- 民意调查和小测验

你在寻找合适的形式时，可以考虑一下检查节点如何确保学生有机会展示他们的学习情况（学术内容和成功技能）以及他们在完成项目任务上所取得的进展。

当你与学生一起设置和使用检查节点时，请考虑以下这些问题：

- 在你的项目中，最重要的是在哪些环节设置检查节点来评估进展？
- 你会如何让学生参与检查节点的设置？
- 你如何才能让所有学生看到并清楚地了解检查节点？
- 你会如何处理那些没有按时完成检查节点任务的学生？

使用项目管理工具

一旦课堂开始将大部分的项目时间花在完成项目作品上，就很难追踪小组的进展，在各个小组以不同的速度完成一系列任务时尤为如此。那么重要的是要有一套可行的机制，来帮助你了解团队取得的进展，以及他们陷入困难或无法推进的原因。

源于商业领域的管理工具 Scrum Board 或 Kanban Board，在 PBL 中也得到了广泛应用。二者都可以通过实体白板或数字板来实现，用于将项目中待完成的工作可视化。它们包括三个基本纵列：待办事项、进行中的事项、已完成事项。该管理工具可以帮助你和学生监测进度，在有人寻求反馈时可以提醒你和其他项目小组，还可以提示进度是否拖延或停滞。

用于远程学习　　**数字 Kanban Board 或 Scrum Board**

在混合式学习环境和远程学习环境中，数字 Kanban Board 或 Scrum Board 是非常有用的工作流程管理工具。Google Keep、Padlet 或划分为网格或表格的共享文档就是比较常见的应用形式。如果你正在使用共享文档作为数字板，可以授予学生团队中的项目管理员可编辑权限，并让他们负责在项目检查节点中更新团队状态。

下面是在课堂中使用 Kanban Board 的图示。该图示中，三行代表的是主要的检查节点或项目作品，三列代表的是三个进度阶段。学生项目小组可以使用便利贴来监控项目的交付成果。你还可以在"已完成事项"这一列左侧再添加一列"所需支持"，这样项目小组在推进项目的过程中如果需要帮助，就可以向你发出信号。

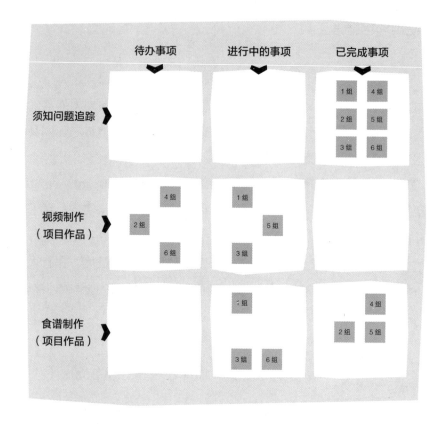

※ 组建和管理学生团队

对学生来说，PBL 最具挑战性的一方面就是团队合作；对教师来说，则是对团队合作进行管理。即使是成年人也知道，合作并不是你能"精通"的东西，因为总有更多需要学习的内容和更多进步的方法，即使是有合作经验的团队也会出现各种问题。也就是说，合作是一项重要的成功技能，而与典型的传统教学方法相比，学生在 PBL 中能更有效地发展这项技能。因此，让我们来看看如何在项目中更好地合作。

什么不是合作

"学生在学习和做项目的过程中互相帮助，并基于彼此的想法进行共创，他们通过这种方式来获得合作技能……而不是仅仅通过分解和执行任务来完成最终作品。"这是教师阿伦·艾斯伯格（Aaron Eisberg）在 pblworks.org 上的博客文章《为什么合作不仅仅是"小组工作"》（Why Collaboration is More Than "Group Work"）中提出的观点。许多学生，有时甚至是教师，会简单地认为，合作就是将一个项目分成几个部分去单独完成，最后再把它们合起来。然而艾斯伯格认为，我们要管理学生团队，帮助他们"互动、创新、相互依存"——这才是真正的合作。

首先要问：学生应该在什么时候进行团队合作

并非所有任务都适合团队合作。虽然让学生分组复习小测验的内容可能是有用的，但这未必是能够利用同伴互动引发深度学习的任务。根据伊丽莎白·科恩和蕾切尔·洛坦（Elizabeth Cohen & Rachel Lotan，2014）的说法，适合团队合作的任务应该是：

- 不容易回答的、多维度的。
- 有趣且与学生相关。
- 需要包含多种模式，如阅读、写作、视觉、听觉或多媒体。
- 对学生来说具有挑战性且能获得一定的奖励。

听起来很像 PBL，对吗？

在你考虑组建和管理团队时，请牢记上面这几项准则。作为一个整体的项目，如果包含了黄金标准 PBL 的核心要素，就符合了上述合作的标准，但并非所有活动都需要在团队中完成。许多 PBL 教师在刚开始做项目时，认为学生应该从始至终在项目小组中学习。这是一种普遍的观念，但更高阶的做法是考虑需要创建什么类型的团队，以及什么时候需要进行团队合作。

例如，你可以让学生在一个"核心"项目小组中开展项目，找寻驱动性问题的最终答案并创作主要的项目作品，但不要立刻组建这个团队，也不要让学生在这个团队中完成所有活动。这也取决于项目的时长和复杂性。对于较短和较简单的项目，只让学生在一个项目小组中开展工作可能是比较合适的。

对于项目中的特定学习活动，成立短期小组（随机小组、兴趣小组或专注于学习一个目标技能的小组）是很有用的，例如：

- 重复教授复杂概念。
- 预先教授专业术语。
- 小型工作坊。
- 挑战和拓展那些已经了解核心内容的学生的理解。
- 职能分工接近的小组在项目进行期间"交换意见"或"排难解纷"。
- 由学生自选或教师选择加入的各类主题或技能的工作坊。
- 专家组的成员在学习某些内容后把信息带回各自所在的家庭小组，这又称为"拼图学习法"[1]。
- 在教师评价或学生自我评价的基础上，设计培养特定技能的工作坊，来解决一部分学生暴露出的学习需求。
- 反馈规程。

---

[1] 拼图学习法（jigsawing）是指教师先给出一个主题或几个小话题，并将学生分为若干家庭小组。然后给每个小组成员分配一个小话题，让拥有相同小话题的学生组成专家组进行探索和讨论。之后他们会回到各自所属的家庭小组，报告他们的发现。——译者注

以全班形式开展的 K-2 项目

如果你教的是小学生，让全班一起做项目通常来说合情合理。孩子们可能只在时间较短的特定任务中开展小组合作，而不是在整个项目中持续进行小组合作。

组建团队

PBL 中的许多事情都没有什么硬性规定，组建学生团队也是如此。教师在组建团队时，需要考虑三点：项目背景、学生的长处和需要培养的领域、学生的 PBL 经验水平。以下四个问题可供参考。

1. 团队规模有多大

PBL 教师指出，理想的团队人数为四人。如果团队规模增大，就难以确保所有成员都贡献出自己的一分力量，也很难确保所有成员在小组讨论中都拥有足够的发言权。三人小组也能不错地开展团队合作，只不过工作量可能会繁重一些，而且老派的社交互动关系中所说的"两人为伴，三人不欢"①的情况也有可能发生。有时，项目也会由两人小组来完成，但学生在这样的小组中所学到的团队合作技能，就不如在人数更多的团队中学到得多。而且你还要小心在展示日的当天，你可能要看 14 个小组做展示！

---

① 两人为伴，三人不欢（two's company, three's crowd）的意思是，两个人合作时比较默契，三个人合作时就会有不愉快的事情发生。类似"两个和尚抬水喝，三个和尚没水喝"，比喻三个人的合作小组也可能出现无人干活的情况。——译者注

2. 学生在选队友时有多少选择权

如果你和你的学生都是刚开始接触 PBL，那么作为教师，你就应该决定团队成员。真实世界中的情况也是如此。员工通常无法选择项目组成员，领导层会做出相关的决定。他们会根据员工的个人优势以及彼此的契合度来组队，其最终目标是创建高效且有凝聚力的工作团队。

随着 PBL 经验的增加，你可能会让学生提出更多的意见，这样可以增加学生的信任度和参与度。要确保学生做出明智的选择。例如，让学生与好朋友在一个组可能不是个好主意，因为学生也许会因此认识不到或看不到其他同学可能为项目带来的价值。有 PBL 经验的学生或许能够自己组建有效的团队，但即便如此，一些学生可能还会感到被忽视，也可能出现实力上的差距，因此在这个过程中要对学生予以指导。

3. 项目设计的哪些方面会影响团队合作

组建团队时，把与项目相关的特定技能、经验或观点考虑在内。理想的团队应当由多样化的学生组成。因为 PBL 会涉及许多技能，所以你可以思考一下任务是什么，又需要涵盖哪些才能。例如，如果项目涉及电子游戏设计，你就要确保每个团队中都有在这方面经验丰富的学生。

4. 你对学生的长处、兴趣和需求了解多少

了解你的学生有很多方法，你对学生的了解（以及他们的自我了解）会为创建多样化和均衡的团队提供参考。在组建团队时，想一想你如何为学生创造机会，让他们可以充分利用自己已知的优势，同时也欢迎他们发现并展示新的知识和技能。

大多数教师在分组方面都有一定的经验，所以我们不会说有什么绝对正确的分组方法。你需要仔细思考的是，哪些学生在一起能很好地开展任务和学习，并且不断尝试。以下是组建团队的更多技巧。

- 在大多数小学项目中，读写能力会贯穿始终，所以每个小组至少要有一名学生擅长其中至少一项基础读写技能（阅读、写作、口语和听力），这一点至关重要。

- 为避免在项目期间更换小组，你要在项目之外找机会测试团队的组成。例如，如果你有一节 STEM 活动课，就可以利用这个机会测试团队的组成，为即将开展的项目做好准备。观察团队成员间的互动，看看是否存在重大冲突。让学生事后反思自己的小组体验。

- 有策略地将最有可能彼此帮助而不会支配他人的学生组队。例如，如果学生的母语不是英语，团队中可能就需要有能够说他们的母语的队友，至少需要有善于沟通的队友帮助他们融入团队。

- 让学生结成专注于项目内容的兴趣小组。例如，在一个以解决社区问题为重点的项目中，学生可以根据他们对交通、住房、健康等方面的兴趣来选择他们的团队。

- 让每个学生完成一张索引卡，列出不超过四位他们觉得可以与之有效合作的学生，和一位他们觉得不能与之合作的学生（可以是最好的朋友，也可以是与他们有个人冲突的学生，等等）。确保团队中的每个学生至少有一位能有效合作的伙伴，还要避免把那些认为自己效率较低的学生放在一个团队中。

- 明确你想为每一个小组分配拥有何种特质的学生（例如，具有全局观的思考者和注重细节的思考者、性格内向者和性格外向者）。让学生根据这些特质进行自我鉴定，然后组成特质均衡的小组。

- 你在规划整个学期或学年的项目时，可以在不同的项目中使用不同的分组，这样学生就有机会与不同的人合作。

分配角色

明确团队角色，是成年人职场中常见的项目管理策略。有目的地设计和分配角色会提高真实性、参与度和责任感，从而增强学生的合作，培养领导力。

　　学生可以参与角色的选择，在他们有 PBL 经验的情况下尤为如此。但由教师来分配角色也有好处，这样做可以确保公平。分配角色可以让学生在课堂上获得同等的机会，避免固化学生对谁是领导者、谁是学术专家、谁具有"艺术气质"的现有认知。还要记住，教师在给学生分组时通常依据的公共演讲力和领导力这样的技能和特质并不是学生与生俱来的，而是学校这样的机构培养出来的。因此，我们的分组策略应该给每个学生同样的机会，去实践他们的领导力或公共沟通技能。

使用"SING 学习者特征模型"来组建团队

　　下面的"SING 学习者特征模型"（改编自丹佛公立学校）可用于征集学生信息，以便组建团队和分配角色。

　　优势（Strengths）：你知道自己擅长什么吗？

　　兴趣（Interests）：什么能点燃你的热情？

　　需求（Needs）：什么样的组织结构和支持可以让你有效开展工作？

　　目标（Goals）：你想在哪些工作和学习领域有所成长？

　　在你收集了这些信息之后，可以问问自己：调查结果如何与你为该项目创建的角色相匹配？这样的角色分配如何帮助学生展示和分享他们的已知优势？

　　你的目标应该是通过创建和分配角色来建立有效的团队，而这种创建和分配应从委派任务和任务监督的角度出发，而不应要求一个人去承担特定作品的所有工作。例如，你可能听说过"物料管理员"或"小组长"等常用角色。你在设计角色时，可以问自己以下几个问题：每个角色所承担的责任是否相同？你创建的角色是否要求学生在作品创作方面相互帮助？这些团队角色是否能推动项目的进程？这些角色是否反映了真实世界的工作？考虑将角色从"执行者"（如小组长、艺术家）转变为"委派者"（如项目经理、创意总监）。

PBL 专家小贴士

先提供个人思考时间

在加入团队合作之前，学生可能需要单独思考、提出问题、发现资源、处理信息、产生想法和起草作品。这使他们能够更清晰、更有自信地过渡到团队合作，同时也为他们的团队合作赋能。

苏珊·凯恩（Susan Cain）在《内向性格的竞争力：发挥你的本来优势》（*Quiet: The Power of Introverts in a World That Can't Stop Talking*）一书中指出，性格内向的人特别需要时间来消化信息，以便更好地进行协作和做出贡献。让所有学生先独自学习，体现了公平优先的原则，且有助于防止团队合作时听到的都是性格外向者的声音。

团队合作中的公平问题

研究人员伊丽莎白·科恩和蕾切尔·洛坦（Cohen & Lotan, 2014）数十年的研究工作，已经阐明了通过团队合作将课堂打造得更公平的方法，也说明了团队合作会如何制造不平等的学习机会，从而折射和加剧社会现有的不平等。

正如两位作者所描述的那样，问题在于团队中会出现等级现象。等级的排序往往与局部特征一致，比如学术能力（或许是真实的，又或许是主观上认为的）和同伴地位，也会与社会特征结合，比如性别、种族、阶级和国籍。随着等级现象在小组中出现，学生"在课堂之外"的地位往往会成为团队内的自证预言[①]，因为地位较低的学生的参与和学习潜力会受到影响。换句话说，如果我们的课堂分组策略未能解决地位和不平等问题，那么我们的课堂文化就很可能反映和延续更为广泛的社会不平等。

鉴于此，教师有义务对团队合作中的地位问题进行设计、监控和干预。科恩和洛坦从任务的设计、教师在任务中的举措、支持和构建公平的课堂规范三个维度，阐述了如何解决这些问题。

教师在团队合作中促进公平的举措

在开始开展团队合作或规划团队合作之前，任何教师首先应该思考的是自己对学生抱有哪些感受和偏见。教师可能会认为某些学生是"乐于助人的"或"调皮捣蛋的"，或者可能对学生的学习动力、学术能力和领导能力做出过于局限的假设。我们知道，学生常常会认识到教师和同伴对他们的期望，进而相信和内化这种期望，因此教师必须克服自己对学生的成见，以及避免学生对彼此的成见，以防自证预言的发生。

在项目中开展团队合作期间，教师应该通过倾听和观察来监督各小组是否流露出不平等参与的迹象，并使用科恩称为"能力

[①] 自证预言（self-fulfilling prophecy）是由美国社会学家罗伯特·金·莫顿（Robert King Merton）提出的一种社会心理学现象，是指人们先入为主的判断，无论其正确与否，都将或多或少地影响人们的行为，以至于这个判断最后真的变成现实。通俗地说，自证预言就是我们总会在不经意间使我们自己的预言成为现实。——译者注

赋值"（assigning competence）的做法进行干预。以下是对这一做法的概述，它是科恩、洛坦和他们在斯坦福大学的同事研发的"复杂教学"（Complex Instruction，简称 CI）模型的一部分，是满足多样化学习者群体的学习需求的一种方法。

> CI 通过给学生的能力赋值，帮助解决地位平等的问题，从而让学生能更平等地参与。在给能力赋值时，教师要留意地位低的学生做得好的、可以推动小组工作进程的事情，然后告诉学生他们做得好的地方，以及他们的哪些贡献对所在团队很重要。这样做的目的是提升学生在小组中的地位。当小组以一种更公平的方式看待组里的成员时，他们就更有可能参与其中。（Cheyne，2014）

培养团队合作的文化

我们在第三章讨论了建立恰当的 PBL 文化这一话题，现在让我们具体来看如何在这种文化中管理学生团队。

以下是一些有助于在课堂上建立"团队合作文化"的活动。

- 与学生一起，确认一种或多种可能改善团队合作的行为。例如，"在尊重彼此的前提下讨论争议"或"互相借鉴，共同进步"。与学生共同商定，并将其张贴在教室里。
- 让学生有机会以客观和学术的方式，对新的行为进行批判性观察、分类描述和讨论。低年级的学生应该能够用自己的话来描述这些行为。

- 让学生反思自己在新行为上的成长和进步。
- 用团建活动开启新学年，比如可以使用团建游戏和"让我了解你"的对话，并在每个项目开始前回顾一下这些活动。在项目中设计或搭建具有挑战性的活动，在其中融入并培养具体的行为，比如邀请队友提出新想法，或借鉴其他人的想法。要把有针对性的复盘或其他活动后的讨论囊括其中，反思下面这些问题。

  - 你们小组在哪些方面做得不错？你们是如何取得成功的？
  - 你们小组遇到挑战了吗？遇到了什么样的挑战？是怎么解决的？
  - 你们小组的成员在什么时间对其他组员提供了帮助？
  - 你对你们小组的成功做出了什么样的贡献？
  - 你们小组达成目标了吗？你是怎么知道的？

- 在项目开始之前和两个项目之间，通过有趣的话题（如"放学后我们要吃什么点心？"）来练习如何达成共识，做出决策。
- 讨论或共同创建一个团队合作评价量规（你可以在 pblworks.org 上查找样例），以便学生了解好的团队合作和有待改进的团队合作都是什么样的，并让学生在签到活动中使用该评价量规来反思自己的表现。

帮助学生理解团队合作

与许多小学教师一样，3 年级教师迈拉·李在开展学年首个项目之前，就通过团建活动来创建文化，以此拉开这个学年的序幕。她的项目墙大标题是"PBL：我们的成功技能"，标题下方写着一个句子主干："成功的团队……"

在每一个团建活动完成之后，迈拉都会花五分钟的时间与学生一起总结活动的收获，她会问："是什么帮助你们小组取得了成功？""你们是如何互相帮助的呢？"她会把学生的想法都写在黑板上，并在他们的帮助下修改措辞，使其更加简洁。然后，学生自告奋勇地把每个想法的最终稿写在纸条上，迈拉再将纸条贴在项目墙上。例如，"成功的团队……"这个句子主干下面会有学生手写的短语作为补充，例如"倾听""为彼此欢呼""分享观点"等。

为使其更加直观，迈拉利用自己在团建活动中拍摄的照片来描述每个想法。如果没有照片，她会让学生志愿者"表演"，然后她再拍照。这些成功技能的描述就成了评价量规和团队公约中使用的语言。

团队公约和工作文档

PBL 教师可以通过共享文档和共享流程来帮助学生团队管理各自的合作时间。

其中一个重要文档就是有关团队如何开展合作的协议，该协议可以以"公约"的形式出现。让学生创建并签署一份"团队公约"，说明他们就如何履行职责、如何处理出现的问题、如何进行合作等问题达成一致。不太正式、不太规范的协议也是可以的，因为它们的理念是一样，即所有团队成员都承诺能按照约定行事。在对协议内容达成一致意见后，团队可以使用此文档定期检查团队成员的表现，并在出现问题时使用此文档来帮助解决问题。

项目团队公约

项目名称	
项目组成员	

我们的约定

- 我们承诺将尊重并倾听彼此的想法。
- 我们承诺将竭尽所能做好自己的工作。
- 我们承诺将按时完成工作。
- 我们承诺在有需要的时候会寻求帮助。
- 我们承诺_____。

如有我们团队的成员违反此约定的任意一条或多条，团队可以召开会议，要求违反者遵守约定。如果该成员仍然屡教不改，我们将向老师寻求解决办法。

日期：_____

项目组成员签名：

根据学生 PBL 经验的多少，你可以给他们提供一个模板（在

my.pblworks.org 上可以下载类似上面呈现的模板），也可以让他们按照你提供的基本格式新建一个。在公约签署完毕并正式生效之前，仔细阅读公约内容往往是个不错的做法。学生公约中需要包括以下几点。

- 团队成员的姓名。
- 团队中的角色分配（如果项目需要用到不同角色的话）。
- 分配或检查工作的流程。
- 大家都认可的决策流程（投票决策、共识决策，等等）。
- 团队成员未完成他们的工作或不遵守公约时如何处理的流程。

用于远程学习 > **团队公约的其他条款**

如果项目将通过远程学习的方式完成，甚至部分项目需要学生在校外通过线上协作完成，那么学生团队公约还应包括下面几点。

> 视频会议室的入会密码。
> 团队文件夹或其他重要资源的链接。
> 负责任地使用技术工具的准则。
> 在线会议的行为约定。

※ 管理时间

时间似乎永远都不够用，我们也无法奇迹般地创造出更多的时间。然而，改变我们的一些重要实践，就可以使我们投入 PBL 的时间既具影响力又有效率。

让我们回顾一下在 PBL 中能获得时间投资回报的一些策略和课堂结

构。我们先从四条建议开始，然后再来看两种你可能已经熟悉的课堂结构——工作坊教学模式和学习站，并探讨如何在 PBL 中运用它们。

PBL 时间管理策略

1. 不要让 PBL 成为在家学习的主要体验

由于一天中的教学内容繁多，所以如果可以在繁忙的一天里留点儿空间，让学生把项目拿回家做，听起来会是一个诱人的选择。但是，如果大多数项目工作是在课外完成的，那么 PBL 就不可能做得好。学习过程和作品的创作都应该在课堂时间内进行，而作为教师，你需要在其中发挥积极的作用。对很多学生来说，在校外进行团队合作是很有挑战性的。课内开展的教学活动应包括（但不限于）：

- 提出问题并明确回答问题所需的资源。
- 头脑风暴，集思广益。
- 与其他学生和利益相关者的合作。
- 获取关键知识和技能的课程和学习支架。
- 作品的创作。
- 对作品的批判性反馈和修改。
- 形成性评估和总结性评估。
- 沉淀学习的反思时刻。

这个列表可以一直延续下去。由此我们可以看出，PBL 无所不包、意义非凡，不能简单地让学生把它带回家，然后抛之脑后。当然，一些零碎的项目活动可以在课外进行，但在课堂上为 PBL 留出足够的时间非常重要。我们必须抵制那些没有任何作用的捷径。

2. 项目活动时间的安排不能意图不明

与其让学生与团队直接开始做项目，不如为学生创造机会，让他们能够有效地自我管理项目时间。在正式开始项目活动之前，可以通过教学提示让他们讨论如何规划时间，例如：

- 在今天的项目活动时间内，我们小组的目标是什么？
- 我个人要如何为我们小组的目标做出贡献？
- 我们怎么知道小组和个人的目标已经达成了？
- 我们如何证明我们已经达成了小组目标？
- 如果我们的注意力被分散了或者进度减慢了，我们要使用什么策略回到正轨？

3. 让学生反思自己使用时间的情况并设定目标

记得在项目活动时间结束时，给学生留出检视的时间。你可以使用下面这些提示问题。

- 在项目活动时间内，我们小组在哪些方面达到或未能达到目标？
- 我是如何为我们小组的团队目标做出贡献的？或者说，我为什么没有为我们小组的团队目标做出贡献？
- 有什么证据可以证明我们在项目活动时间内取得的成绩？
- 基于我们的进度，我们的新目标是什么？
- 我们接下来要往前推进的关键步骤有哪些？

PBL 专家小贴士

在不暂停项目的情况下与团队分享信息

如果学生在团队中有各自扮演的角色，你就可以利用这些角色向团队发布最新消息，而无须中断教室里的全部项目活动。例如，如果某个模型或设计的要求发生了变化，你可以与"产品工程师"开一个快速会议。交付成果的期限有变更？你可以与"项目经理"面谈。通过这种方式，你可以将想要传递的信息传递给所需之人，而其他团队成员可以继续干自己的活。

4. 以定期授课的方式，保持课堂的结构化和以学生为中心

没错，你仍然可以在 PBL 中安排日常的结构化课堂，以纳入课程中的关键学习目标。对于那些对 PBL 的混乱感到疑惑，并想了解如何据此管理时间的人来说，这是个好消息。以下的两个建议，可以让你的日常课堂重点明确且以学生为中心，也可以让你最大限度地利用时间。

有效管理 PBL 时间的课堂结构

1. 工作坊教学模式

工作坊教学模式最初由露西·卡尔金斯设计，并由萨曼莎·贝内特（Samantha Bennett）进一步完善。该模式提供了一个简单且行之有效的课堂结构，可以最大限度地利用学生的活动时间，提高实践水平和反思能力。它也让教师有时间开展微型讲堂，澄清误解，并根据需要搭建学习支架。工作坊的时间并不是固定的，从 30 分钟左右到 1—2 小时都可以，但工作坊应具备三个基本部分：微型讲堂、活动时间和检视。下面这张表格描述了工作坊教学模式的范围和顺序，便于你在项目时间内运用，它也展示了在与 PBL 完全融合模式下的读写项目中（见第一章）工作坊又是如何开展的。

PBL 工作坊教学模式	PBL+ 读写能力工作坊教学模式
微型讲堂。教师对全班学生进行直接教学。你可以复习之前的学习内容，分享和解读学习目标，介绍新的概念或技能，或检查对项目驱动性问题和须知问题列表的理解。一般来说，微型讲堂时长占总时长的 20%—25%。	**微型讲堂**。通过回顾驱动性问题或与读写技能（听、说、读、写）相关的挑战来设定目标。创建须知问题列表。介绍读写策略或技能。 例如，在"一切准备就绪"项目中，老师会上一堂微课，带领学生复习如何从文本中确定重要信息，以及如何把这些信息记录在笔记文档上。
活动时间。学生可以参与各种各样的活动，如个人和团队实践、阅读、调查研究、同伴反馈和拟定作品草案。教师可以通过策略性倾听、与个人或小组讨论、差异化教学和提供反馈等方式，来最大化地利用时间和产生影响。 在全班进行几次快速的"获取和释放"①，教师可以澄清误解并提供其他的反馈。教师可以暂停活动，来调整或提供新信息。一般来说，活动时长占总时长的 50%—60%。	**活动时间**。学生进行技能操练或完成相关任务，对此教师已在微型讲堂上做了示范，它们也与最终作品和项目展示相关。可以使用分级文本资源和辅助技术满足学生的需求并与他们的能力匹配。教师与个人和小组进行交流，进行差异化教学和形成性评估。 例如，在"一切准备就绪"项目中，各小组会去媒体中心寻找有关灾害的书籍进行研究。学生个人会应用他们学到的策略，并使用笔记文档。
检视。检视的时间用于让全班再次回顾驱动性问题、须知问题列表和学习目标。利用这一机会，学生得以反思所学内容，教师也可以进行形成性评估。一般来说，检视时长占总时长的 15%—20%。	**检视**。学生对核心理解进行分享，并以小组的形式就成功技能开展反思。教师可以回顾须知问题。 例如，在"一切准备就绪"项目中，学生会分享他们通过研究解答了哪些须知问题，以及他们的小组成员合作得有多好。

---

① 获取和释放（catch and release）是指教师在学生自己开展活动的时候，在他们中间观察并记录难以解决的问题、迷惑不解的地方或产生的误解。在一段时间后，在全班范围内对这些问题进行解释说明，然后再让学生继续开展活动。这一策略可以防止学生因长时间陷入困局或疑惑而分心或放弃。——译者注

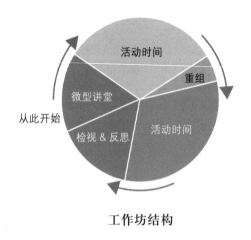

工作坊结构

改编自萨曼莎·贝内特《工作坊手册》(*That Workshop Book*)。

2. 学习站

时间有限的教师将有很多机会通过学习站为学生提供个性化帮助，学生小组可以轮流在学习站开展各种项目相关的任务和活动。有的任务由小组完成，有的则由个人完成。学习站通常由学生自己管理，但也可以由教师或助教带领。它可以包括线上和线下的活动，如阅读与研究、讨论、观察、技能训练、游戏、身体运动、倾听、模拟训练、实验、拓展或补习。

 PBL 专家小贴士

确保学生知道如何使用学习站

因为学习站是由学生独立开展学习活动的，所以花点儿时间向学生说明每个学习站的学习过程和要求并做出示范，就非常重要了。对于需要帮助的学生，应该提供图片、图表等视觉辅助资料和音频说明。可以考虑让学生扫描二维码观看教师的说明视频。

※ 跟上 PBL 的进程

PBL 教师面临的最大挑战之一是紧跟时间的步伐，设置可行又灵活的时间表、检查节点和截止日期。很多事情都可以迅速打乱你的项目计划，如不可预见的干扰、技术难题、大雪天造成的困扰、鼓舞学生士气的大会等。又或者你可能发现你需要重新教授某个概念，重新思考项目的主要作品，简化或缩短项目的某些部分。正努力尝试解决项目日程安排问题的老师们提供了以下几个小建议供你参考。

多留出些"以防万一"的时间

在项目的最后阶段时间会很紧张。学生要形成驱动性问题的最终答案，并且完成最终的项目作品，时间往往是很赶的。公开分享自己努力完成的项目作品通常让学生倍感压力，但也会让学生为自己的成就感到自豪。在全班学生完成了项目作品时，记住以下两点很重要：第一，在项目日历上为最后阶段留出足够的时间，或许还可以额外增加一两天作为"以防万一"的机动时间；第二，在大型结项活动前几天不要安排太多事情。

忍痛割爱

这条建议对作家来说是老生常谈了。为了保持故事的完整性并推动情节向前发展，作家有时必须删去他们最珍视的段落。就像作家一样，我们有时也会对自己设计的活动和课程爱不释手。学生可能觉得它们很有趣，甚至很好玩儿，但它们可能会偏离项目的焦点。为了让项目不偏离正轨，我们就必须忍痛割爱。记住，每部电影都会有被删除的场景，目的是保证情节的连贯和紧凑。你的项目也需要如此。

翻转你的课堂

教学视频或电影会耗费大量的课堂时间，因此你可以考虑使用翻转课堂的方式。把观看这些教学视频或电影布置为家庭作业，这样就可以腾出课堂时间，用于提供个性化的支持、进行更深入的讨论，以及应用视频中讲过的概念。如果你的班级有学习管理系统（比如 Google Classroom 或 Seesaw），你可以在上面设置追踪问题或学习提示，来帮助学生反思看过和学过的内容。

✳ 管理项目展示

在第一章中我们讨论了有关公开展示作品的一些问题，例如学生要与谁分享他们的作品，以何种形式分享。如果你安排了面向观众的展示活动，这里有一些管理技巧可供参考。

- 考虑让学生参与展示活动的规划。
- 提前确定日期并邀请观众。如果有家庭要参加，就要选择在大多数人能够参加的时间举办活动——你甚至可以白天举办一场，晚上再举办一场。
- 安排好时间、地点、设备、参与人员和所需物料。
- 如果你计划让观众向学生提问，或评估他们的作品并提供反馈，你就要提供一个项目概述和可用于提问学生的问题示例。确保其中包含一些"深层次"问题，比如，你可以问一问学生对驱动性问题的理解，以及他们的思想是如何演变的，也可以问问他们在项目中是如何运用成功技能的。
- 在举办科学展或博物馆展览这类的活动中，可以考虑让几组学生先向所有人进行展示，为接下来的活动和项目细节分享环节做好铺垫。然后观众就可以在房间里四处走动,与学生展开讨论。

■ 可以从 pblworks.org 上下载"展示日检查清单"(Presentation Day Checklist),以帮助你在学生的大日子来临之前准备好所需的东西。

用于远程学习	管理项目活动的技术工具和资源
创建虚拟教室	Bitmoji Classroom(可使用 Google Slides 或 PPT)Pixton(学生用来自创漫画人物)
项目墙	Google Slides 或 Docs、Padlet
带有分组讨论室功能的视频会议	Zoom、Google Meet、Microsoft Teams、Whereby
流程管理	Trello、Padlet、Google Keep
翻转课堂或混合式教学课堂	Screencastify、Edpuzzle
真实的专家和观众	Nepris、Skype a Scientist
公开展示	Soundtrap、Bookcreator
反思	Flipgrid、Kidblog

如果你不打算举办一场正式的展示会,例如,如果学生创建了一个网站,或出版了一本在线图书,那就要确保为公众、读者或终端用户提供提问、与学生互动或至少为作品做反馈的渠道。还要为学生解释他们做项目的过程和反思整个过程提供空间。

最后,要记得在项目结束时举行庆祝活动,这很有必要,更多内容详见第七章《学生的参与和指导》。

结 语

❯ 管理项目时间是一个持续不断的挑战，所以如果你在最初的几次尝试中花费的时间有点儿多，不要对自己失望。成为一名优秀的 PBL 教师不需要尽善尽美，而需要反思。随着你在实践中逐渐进步，你的效率会逐步提高，所以要反复优化和学习。

❯ 项目的时间应该用于强调学习和过程而不是产品。正如罗恩·里查特（Ron Ritchart）在他的《如何使学生成为优秀的思考者和学习者》（*Creating Cultures of Thinking*）一书中指出的那样，要避免陷入以作品为导向的陷阱，主张以学习为导向的文化。与其把重点放在完成任务上，不如把重点放在思考和深度理解上。

第五章

评估学生
的学习

项目式学习中的评估，常常引起诸多讨论。

学生可能会问，如果没有常规的测验、考试和作业来评分，我怎么知道自己在这门课上的表现究竟如何？如果在团队中我还需要干额外的活，该怎么办？

教师可能会问类似的问题，甚至更多问题：当学生在项目中以团队的形式完成工作时，我该如何评估学生个体的学习情况？我该如何评估学科知识点和成功技能？我是唯一在做评估的人吗？评分又该怎么办呢？是不是 PBL 中的评估和以往的评估截然不同，我得重新设计整个评估方法？

学校领导可能会补充一些问题，比如：我们在多大程度上、采用什么方式，可以把 PBL 中的评估实践分享给其他教师？ PBL 与我们学校或学区评估体系的契合度如何？

家长站在他们的角度，可能会和学生提出同样的问题：我如何知道我的孩子在一个时间跨度较长的项目中表现得怎么样？假如我的孩子承担了团队中的大部分工作会怎么样？如果他们团队在项目中的表现拉低了我孩子的成绩该怎么办？

本章将对上述问题做出回应。

项目式教学评价量规中的"评估学生的学习"

▶ 用项目成果和其他证据来彻底评估学生对学科课标和成功技能的掌握情况。

▶ 充分评估学生个体的学习情况，而不是只评估团队创作的成果。

▶ 定期、经常性地运用多种多样的工具和流程进行形成性评估。

▶ 在项目检查节点定期使用步骤明确的批判性反馈和修改规程；请学生给出有效反馈来支持教学决策，并用收到的有效反馈指引后续行动。

▶ 定期给学生提供机会，用明确的步骤对进展做自评，并在恰当的时候评估同伴的表现。

▶ 在整个项目中，学生和教师都使用与课标相对应的评价量规来指导形成性评估和总结性评估。

※ PBL 语境下的评估

很多教育工作者一听到"评估"这个词，就会想到考试。近年来，自从"不让一个孩子掉队"（No Child Left Behind，简称 NCLB）[①] 时代的开启，基于考试的问责制度成了许多教师的工作日常，评估因此可能就掺杂了一些负面意味。教师不得不在学年中定期对学生进行"基准评估"（benchmark assessment），以迎接每年春季非常重要的州统考。

尽管考试在衡量某些教育成果方面确有其用武之地——它可以揭示不同学生群体间的不平等，还可以为教学实践"提高门槛"，但它也让人忽

---

① 是 2002 年签署的一项美国法案，旨在为贫困学生、有色人种学生、有特殊教育需求的学生和母语非英语的学生等提供公平的教育机会。——译者注

视了评估的真正意义。评估不仅应用来衡量学生所学（总结性评估），还应用来改善学生正在进行的工作（形成性评估）。

在你筹备和实施项目时，"平衡的评估"这个概念值得牢记。除形成性评估和总结性评估之外，你还需要平衡个体成长的评估和团队所完成工作的评估，平衡对学科知识点、学术能力和 21 世纪成功技能的评估。评估的主体不应该局限于教师，还应该包括学生的自评和互评，或许还应该包括外部专家或观看成果展示的观众。

同时，你还需要平衡传统的评估（考试、小测验、作文、打分的作业等）和表现性评估及诸如教师观察这样的非传统评估。在 PBL 中，两者都有一席之地，你不需要完全扔掉教学工具箱中已有的东西。

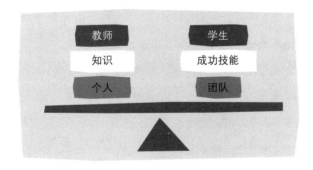

平衡的评估计划

 PBL 专家小贴士

PBL 评估的十佳做法

我们从 PBLWorks 美国专家委员会的成员那里收集了下列关于评估的总体建议。本章将对这些评估建议及更多内容进行详尽阐述。

▶多评估，少评分。

▶非正式的评估同样重要；让学生阐述并反思他们所学的内容。

▶评估标准和评估过程要对学生保持透明，并邀请他们参与其中。

▶在评估中允许学生发言和选择，包含差异化的策略。

▶确保学生能够理解、使用并"拥有"诸如评价量规这样的评估工具。

▶除学科知识点外，还应对成功技能进行评估，比如批判性思维、解决问题和团队合作的能力。

▶不仅要评估团队创造的成果，还要确保评估学生个体的学习和工作。

▶注重反馈和形成性评估，给学生完善工作的机会。

▶帮助家长和监护人改变对评估的刻板印象，让他们了解评估并不局限于传统的学习成绩。

▶拓宽你对评估主体的思路。让学生听到不同人群的评估反馈是很有力量的。这些反馈可以来自教师，还可以来自同伴、外部专家和社区成员。

※ 形成性评估的重要性及其运用

形成性评估在 PBL 中尤为重要。用评估专家里克·斯蒂金斯（Rick Stiggins）的话来说，基于学习进程的形成性评估与基于学习结果的总结性评估形成了鲜明对比。伊利诺伊大学的罗伯特·斯塔克（Robert Stake）做了这样一个类比，能很好地帮助我们理解两者的区别："厨师品尝羹汤是形成性评估，客人品尝羹汤是总结性评估。"在 PBL 中，我们更强调学习过程和创作高质量的公开作品，因此在你的评估计划中，形成性评估的作用要远大于传统教学实践中的评估。

对于形成性评估，我们最想说的是：借助它来规划你的教学活动，重点关注学生的成长。你从形成性评估中收集到的证据，决定了你该为学生提供哪些指导、资源、个人或小组辅导以及其他支持，也让学生参与到这个过程中，创建以学生为中心的文化，帮助他们掌控自己的学习。形成性评估还能强化学生的成长型思维，帮助他们明确自己在学习过程中的进展和方向。

在典型的异质性课堂①中，形成性评估之后的教学可能会因人而异，会根据学生需求的不同而变化，要求教师灵活处理。你可能决定将某个小组叫到一旁，重新教他们某个概念或某项技能；可能跟某个项目组坐在一起，帮助他们克服合作方面的一项挑战；或者换一种方法，把之前教过的概念给全班再讲一遍。在下一章《为学生搭建学习支架》中，我们会做进一步说明。

在项目进行过程中要经常使用形成性评估。正如我们在第一章中说到的那样，你的项目日历上应该设置一些里程碑，也就是对正在进行的工作开展评估的检查节点，而对形成性评估的使用应该更加频繁。不是说你非要组织一个活动或采用其他正式流程才能做形成性评估；在教室里边走动边观察，与学生探讨某些问题，都是进行形成性评估的好时机。形成性评估的具体形式可参见下表。

① 异质性课堂是指学生学业水平、读写能力或思维能力差异明显的课堂。——译者注

非正式的形成性评估	正式的形成性评估
• 下课通行证 • 书面反思 • 观察 •（用拇指向上或向下表示）点赞或差评 • 五指表决 • 在线投票 • 学生签到 ① • 类比提示 • 四个角落 ② • 粉笔对话 ③	• 小测验 • 粗略的草稿 • 简短的作业 • 学区的基准评估 • 表现性任务 • 作品检查节点 • 学生主导的会议 • 批判性反馈规程

提示：上述部分内容在本书第四章有相应阐述，网上也有相关内容。

想把形成性评估设计成你所需的样子？不妨先思考你想从中获得哪些信息。想知道学生是否具备项目所需的基本知识或技能？那么一次小测验或者小作业可能就足够了。想看看他们是否理解了某个概念？那就让他们阐释一下这个概念。想确认他们是否掌握了批判性思考的能力？那就让他们完成一项能展现这项能力的表现性任务，例如阅读、写作或解决问题的练习。

反馈的规程

要强化学生在评估中的自主性和主人翁意识，你可以教他们如何做自

---

① 学生签到（student check-ins）通常使用在课程或会议开始前，通过让学生关注并分享自己当前的状态（如心情、感受、刚才在做的事情等）来帮助学生调整状态，更好地开展后续的课程内容。——译者注

② 四个角落（four corners）是指学生通过站到房间的四个角落之一来表达自己对一件事的观点（完全赞同、基本赞同、不太赞同、完全不赞同）。学生完成选择后，会就此进行讨论。——译者注

③ 粉笔对话（chalk talk）是团队成员通过在大白纸或电子白板上安静书写的方式就一个话题发表观点。参与讨论的成员可以阅读他人写的内容，但需要保持完全安静。——译者注

评和同伴互评。批判性反馈规程对此很有帮助，它能让学生有机会按部就班地对未完成的工作给予、接受和应用同伴反馈。有些规程可能还包含来自专家、产品或服务的终端客户、班级外的学生或成年人、社区成员的反馈。

你选择何种规程取决于学生在项目的不同阶段需要什么样的反馈。使用规程的数量和频率取决于项目，但通常说来，让学生学习并定期使用两到三个不同的规程不失为一种好办法。用于反馈的规程种类繁多（你可以在网上找到相应的实施细节），例如：专家研讨会[①]、赞扬—提问—建议、反馈转盘[②]、优化规程[③]、画廊漫步。

使用技术工具进行形成性评估

目的	工具
即时反馈	Socrative、Formative、Google Forms
在线问答游戏	Kahoot、Quizzes
演示和测验工具	Nearpod、Pear Deck、Google Presentation Q&A
整合了视频的提问工具	EdPuzzle、Loom、Screencastify、Explain Everything、Flipgrid、SeeSaw
不需要设备的活动	Plickrs（可打印的卡片）

◆◆◆

[①] 专家研讨会（charrette）是从建筑设计领域借鉴的一种方法。当学生小组感觉进行中的工作卡住了没有思路，可以发起专家研讨会，请其他学生就工作进展讨论具体的推进想法。寻求意见的小组通常在一旁聆听，有时也可以加入讨论。——译者注

[②] 反馈转盘（feedback carousel）是一种对项目方案快速获得多角度反馈的规程。个人或小组把自己项目的关键点写在一张海报纸上挂起来。旁边再贴一张海报纸，分成四格，分别用于填写澄清性问题、探究性问题、建议和可用资源。请参与者依次查看这些项目，并把反馈意见写在便利贴上，贴到相应格子里。——译者注

[③] 优化规程（tuning protocol）是一种步骤明确的对项目方案进行反馈的规程。通常4—6人一组，由陈述者介绍自己的项目方案，其他参与者进行澄清、提问，并给予反馈意见。——译者注

使用反馈规程的六个小建议

1. 参考班级规范或为反馈规程创建一个单独的子规范（例如罗恩·伯杰提出的"友好、具体、有帮助"的准则）。

2. 通过示范、给出句子主干、练习过程等教学生给出有效反馈。

3. 亲自引导项目，除非在你的班级中，批判性反馈的文化已经牢牢扎根，且学生已实现高度自主，能够介绍每个步骤、给出提示、遵守时间。

4. 教学生如何看待和使用他们收到的反馈。让他们明白，他们无须对每条反馈都做出回应或行动，只需考虑有用的反馈。

5. 规程进行完毕后，请学生复盘讨论过程，谈谈做得好的地方、可以改进的地方、遵守公约的情况，等等。

6. 在反馈规程之后给学生留出时间，以便他们计划下一步行动。

用于远程学习 | **在线上完成批判性反馈规程**

上述反馈规程可以用于远程学习，并有助于确保学生积极参与并享有平等的发言权。

以下是一些引导和建议。

▶ 把计时器放在学生看得见的地方，帮助他们在分享想法时调节话题深度和讲话速度。

▶ 给学生提供信息组织图①来分析工作、收集想法、给出和记录反馈。

▶ 构建流程，确保每个学生或团队都能分享工作并获得反

① 信息组织图（graphic organizer）是把事实、概念、想法及其关系用视觉化的图表展现出来的一种思考工具。例如，思维导图就是一种可视化的信息组织图。——译者注

馈。你可以创建一个能够链接到每个团队项目的超级文档，给每个学生或团队分配类似 Google Slides 这样的共享幻灯片中的一个页面，或让每个学生或团队把他们的工作发布到指定的 Flipgrid 或 Padlet 项目墙上。

▶ 要对共享的作品提供同伴反馈。学生可以在 SeeSaw 上对共享作品添加文字或语音评论，可以在 Google Docs 和 Slides 上使用 Kaizena 添加语音反馈，在 Canavas 或 Schoology 上录制视频评论，也可以使用 Flipgrid 录制视频。

※ 评估学科知识点和成功技能

教师知道如何评估学科知识点和技能，例如数感、写一篇陈述观点的文章和解读实验数据。正如我们前面谈到的，在 PBL 中，你仍可以使用许多传统的评估策略来实现这个目标。

除了在项目中使用传统的工具来评估所学知识外，你还可以用学生的最终作品和完成的其他材料来进行评估。例如，你可以在项目主要作品的评价量规中增加一行，填入包括学科知识点和技能掌握情况的指标。你也可以请学生提交一份书面作业，基于最终作品或展示来回答特定的问题，以此评估他们对关键概念的理解程度。例如，如果最终作品是一份现场指南或等比例模型，学生可以阐述他们从研究中了解到的内容，或者对其进行注释，以证明自己达成了学习目标。

不过，评估成功技能，如批判性思维、问题解决、合作、沟通、创造和项目管理，对教师来说可能是新的领域。人们普遍认为这些技能更难用"硬性"标准衡量，且更为主观。要重申一次，请把评估看作促进学生成长过程的一部分，而不是简单地把它当作打分或评级的方式。通过评估，你可以鼓励学生进行自我反思，并对他们使用成功技能的情况给予反馈。

"T-A-G" 同伴反馈支架

如果学生对给予反馈还很陌生，可以给他们提供以下"T-A-G"开头句式。把它贴在教室墙上看得见的地方，这在学生互相指导的时候也有用。

T（Tell 首字母缩写，即"说"） 说说你喜欢的部分	我认为你的例子…… 我真的很喜欢……因为…… 你的作品展示了…… 你的作品中最棒的地方是…… 当……的时候，它真的触动了我。 我对……特别能感同身受。
A（Ask 首字母缩写，即"问"） 问一个问题	……是什么？ ……做什么？ 你应该……吗？ 为什么是……？ 为什么做……？ ……在哪里？ 什么时候做……？ 你考虑过……吗？
G（Give 首字母缩写，即"给"） 给出一条正面的建议	有一条建议是…… 别忘了…… 考虑增加…… 我被……搞糊涂了。 你可能想改变…… 我看到的一个问题是…… 如果你……它可能会……

下面是在 PBL 中评估成功技能的一些想法，供参考。

- 使用评价量规（如 pblworks.org 上的那些量规）或一套评分标准来具体描述在不同程度上掌握这项技能都会有怎样的表现。

- 不要试图在一个项目中明确地教授或评估太多项成功技能。专注于和这个项目最匹配的一两项技能即可，甚至可以只关注某项技能的一部分（例如，一份评价量规的一两行）。

- 通过观察和讨论，对学生运用成功技能的情况进行非正式评估。可创建一份针对特定成功技能的"观察清单"，以便在观察团队时使用。

- 在学生做展示时，通过提问来了解他们对成功技能的运用情况。例如，请他们说明是如何解决问题的，或是怎样按步骤管理项目的。

- 定期给学生提供机会，让他们参照评价量规对成功技能进行自评或同伴互评。请他们在团队复盘时讨论对这些技能的使用情况。可以考虑让学生使用日志或其他记录工具来收集证据并进行反思，或混合运用下列策略，以避免"日志倦怠"。

  - 让学生运用录音软件或博客这类技术工具记录目标和反思，并在一个或多个项目的进程中不断积累。

  - 用"思考—结对—分享"或"四个角落"这样的合作性反思活动，让学生说出自己的思考过程，聆听同伴的想法并向对方学习。

  - 让一群学生（可以从每个小组选代表）进行"鱼缸会议"，其他人在一旁观察和倾听。如果其他学生想要分享自己的看法，允许他们加入，也允许他们退出讨论圈。

  - 带领全班进行一次"苏格拉底式研讨"或"哈克尼斯圆桌讨论"①，让学生分享想法并相互学习。

---

① 哈克尼斯圆桌讨论（Harkness discussion）是一种由学生主导的教学方法。师生围坐在圆桌旁，对学习资料进行话题讨论，尊重不同意见和声音。教师只做很少的辅助支持。——译者注

❋ 个体评估与团队评估

我们已经说过，学习如何在团队中工作是当代社会中的一项重要技能。然而，这给许多刚接触 PBL 的人造成了一定程度上的困扰，使他们对评估的公平性产生了担忧。学生和家长也经常提出这样的疑虑，而学校的评分政策可能也会给团队作品与个人成果的评估带来挑战。

要解决这类问题，可参考我们从资深 PBL 教师的经验中总结的下列最佳建议。

- 在筹划项目时，应安排更多需要个人完成的作业并对其进行评估，而非团队创作的作品。

- 在团队创作的作品之外，还要让学生撰写个人报告或其他文档来阐述学到的知识和技能。

- 请学生定期反思他们正在学的东西，陈述自己为团队创作的作品做了哪些贡献，并提供相应的证据或书面说明。

- 如可能的话，让学生（结合队友的意见和反馈）独立完成团队作品的某些部分。

- 倡导个人问责制，让学生对自己在团队中承担的任务负责。让团队探讨假如某个或某些成员在搭便车，该如何处理（关于团队公约的信息，参见第四章《管理教学活动》）。可以考虑让团队讨论、评估和汇报每个成员的贡献，或许可以根据每个人付出的多少来打分。

- 最后，相信随着时间的推移，当你建立起 PBL 文化，学生就会产生对彼此负责的责任感，积极遵守与公平和努力相关的规范。

PBL 中的评分

不同教师对评分的处理方式往往大相径庭，你可能想知道这些评分方式如何在 PBL 中发挥作用。如果你的学校或学区有一套正式的、规定好的评分系统，你可能需要对其做出调整以适应 PBL。你可以考虑以下做法。

▶ 不要给整个项目评级或评分，而要在项目过程中的检查节点给小作业、小测验、其他评估和各种交付成果打分。

▶ 评分主要基于个体表现，而不是团队创作的作品。

▶ 可以考虑不给团队作品评分，因为有吸引力的项目和公开分享作品仍然可以点燃学生完成高质量工作的热情。

▶ 将针对知识点和技能的评分与针对成功技能的评估（也可能是评分）区别开来。

▶ 不要对未完成的作品或初稿的质量进行评级或打分；你可以给学生的项目交付成果分配一定的完成分。

※ 创建和使用评价量规

正如我们前面谈到的，评价量规是项目评估中不可或缺的工具。我们将就 PBL 中的量规提供专门的指导（关于把评价量规和课标对应起来的信息，请参见第二章《与课标对应》）。

评价量规不仅仅是评估最终作品的工具，你可以将其视为一份"路线图"。这张图显示了项目中教授、练习和评估的内容。它使学生清楚地知道，要想证明自己达成了课标的某个要求或掌握了某项成功技能必须做什么。在项目早期就可以引入评价量规，然后在整个项目中充分利用，以支持形成性评估并促进反思。评价量规可用于：

- **给出明确期望**。在项目伊始，学生如果能清楚地了解自己的作品将怎样被评估，会更容易取得成功。

- **培养成长型思维**。在学生做计划和修改作品时，评价量规可用于追踪学习和改进的情况。坚持使用量规、不断尝试一轮轮修改，有助于强化学生这样的理念：初稿的完成为整个项目开了个好头，但我们应该不断打磨、反思、挑选，直至最终公开展示作品。

- **给出反馈与接受反馈**。在结构化的讨论规程和清晰的形成性评估工具的引导下，有意义的反馈能提高学生作品的质量，并建立一种相互依存的文化。

以下是在项目中使用评价量规的一些点子。

项目阶段	评价量规的使用与建议
项目启动： 给学生时间来分析项目中将要创作的每个作品的评价量规。在他们开始创作作品前就应进行这项工作。	如果你保存着往期项目的作品或能找到类似作品的示例，可以用它们来练习评价量规的使用并促进理解。 如果学生为评价量规的制定做出了自己的贡献，他们更有可能认同项目的期望。可以考虑和学生共同制定评价量规，通过剖析一个样本作品的内容与风格，确定大家公认的量规指标。
构建知识和技能： 制定一个常规流程，让学生用评价量规来反思已知内容和须知内容，以推进项目。	你可能会发现，在一周中留出特定的一天时间用评价量规来查看项目状态或进展情况是颇为有用的。把基于量规的检查任务纳入项目日历，有助于提醒你和学生留出时间进行评估和反思。

项目阶段	评价量规的使用与建议
形成作品和批判性反馈： 让学生在定期实施的常规活动中，使用评价量规进行自评和同伴互评。	在批判性反馈规程中让学生使用评价量规。 用成功技能评价量规对成长进行自评和同伴互评。 只有先花时间反思收到的批判性反馈，才能做出最有效的修改。一旦你确定了项目的时长，请确保提前预留出反思的时间。
项目展示： 请学生结合评价量规对他们的最终作品进行自我反思。将最终的项目成绩和一份带注释的评价量规同时发给学生。	在项目结束后的第二天，在你做最终评估之前，先预留一整块的时间让学生回顾从观众、教师和同伴那里收到的反馈，以便最后一次精准评估自己的工作。

如果你和学生还不熟悉评价量规，你可能想自己先制定项目的评价量规，然后再分享给学生。假如你选择自己制定评价量规，确保在项目开始时花时间和学生一起浏览一遍，并请他们用这份评价量规给作品示例打分。接着进行课堂讨论，讨论他们为什么这样评分，以及在项目开始前有哪些疑问。这将有助于确保学生清晰地理解评价量规和项目预期。

为了帮助你和学生制定一份基于课标的项目评价量规，你可能想用 Rubistar 或 ThemeSpark 这样的量规生成工具来开始这个过程。但是，这些工具只能用来开头，因为对于 PBL 来说，它们要么太简单，要么过分强调数量而非质量。

撰写评价量规的五个小建议

1. 确定你要在最终作品或项目展示中评估哪些课标或成功技能，以及在项目更早期评估哪些内容，以便让评价量规更可控。

2. 如果你使用包含四列的评价量规，那么可以考虑将第一列和第四列留白。第一列不再用来填写学生缺乏哪些知识和技能，而用来填写反馈笔记，帮助学生了解什么情况下应该求助，而不会感觉自己很失败。当学生不满足于熟练掌握的时候，留白的第四栏让他们有机会发挥创造力，而不是由你告诉他们该怎么做——你在看到学生的具体表现之前，可能也很难去描述。

3. 如果你一直在课堂上使用与特定学科内容或成功技能相关的评价量规，可以提取这些量规中适用的内容作为项目评价量规的一部分。例如，如果你一直在用一份写作评价量规来评估所有的写作作业，那么就可以选出适用于项目的几行，将其添加到你的项目评价量规中。学生对量规中的标准越熟悉，量规的使用效果就越好。这也将有助于减少"量规疲劳"。

4. 如果衡量一项课标或成功技能的指标超过了三个，请确定哪些是你要在项目中明确教授和评估的——这些指标才应该出现在评价量规上。

5. 整个项目评价量规应该维持在四到八行，每行不超过三个指标。这样做可以有效减少你和学生因量规评价的内容太多而手忙脚乱的情况。

考虑单点型量规

单点型量规由玛丽·迪茨（Mary Dietz）于 2000 年首创，并越来越受欢迎。单点型量规显示了学生要想熟练掌握特定内容所必须达到的标准。不过，说明成功或不足的各层级标准不是固定的，而是开放的。这样学生和教师就可以据此提供具体的反馈，而不仅仅是圈出一个数字或等级（Farnsworth，2019）。

教师达纳·哈什姆（Danah Hashem，2017）在"教育乌托邦"网站上的一篇博客文章中指出，单点型量规有如下优势。

- 它为学生反思作品的优势和不足都留出了空间。

- 它没有给学生的表现设限。它并不试图涵盖学生在项目中可能做得好或不好的各个方面。它帮助学生不过分依赖教师的指导，并鼓励学生提出自己的想法。

- 它反对学生排名、比较和竞争。每个学生都会收到针对个人及其作品的独特反馈，但这些不容易量化。

- 它鼓励学生不要只盯着分数。这类量规的设计更强调描述性的、个性化的反馈，而不是打分。

- 它在保持标准明晰的同时更具灵活性。它依旧可以明确地解释学生得到的分数，但也为学生在项目中所做的创新、创造留出了更多的解释空间。

- 它很简单。和其他类型的量规相比，它的文字要少得多。

以下是"一切准备就绪"项目中单点型量规的示例。

我们可以改进的地方	我会从以下方面来评估你的项目	很棒的方面
	为了了解灾害，你研究了各种资源，包括一次采访。(W.4.7)	
	你清楚地解释了信息，并且这些解释都有证据支持。(W.4.2)	
	你阐述了为什么你研究的灾害不同于其他灾害，以及地理位置如何影响人们可能遭受的灾害。(D2.Geo.10.3-5)	
	你有效参与了团队合作并为团队的成功做出了贡献。	

引导学生自我评估

在项目期间，即使是年纪小的学生也可以和老师一起监督进度，如果合适的话，还可以听取同伴的意见。在项目结束时，为学生提供评估他们作品质量的机会。

以下做法可帮助你指导学生评估他们的作品。

1. 重温（评价量规上）评估作品或项目展示的评价标准。
2. 使用作品示例，用"大声思考"① 的策略来示范如何用评价标准评估一件作品。
3. 让学生在评价量规上做笔记，圈出有用的词汇或在表格上写评语（低年级学生可以口述），以此来阐述他们的判断。
4. 对学生的自评给出反馈，解释哪些地方你赞同，哪些地方你有不同意见。

※ PBL 中的总结性评估

对学习成果的评估会在项目接近尾声时进行，这时你要确定项目的学习目标是否达成。基于不同的项目，PBL 的总结性评估可以采取多种形式。为了获得更全面的认知，你可能需要结合几部分的证据，如：

- 最终作品：基于评价量规为作品评分。
- 表现性任务：了解学生是否能应用所学知识。
- 考试、论文或其他写作任务：了解学生对概念的理解程度和对知识点的掌握情况。

---

① 大声思考（think aloud）要求学生在阅读、解决数学问题或回答问题时大声说出自己的想法。这种策略有助于展示解决问题的实用方法及背后的复杂思维。——译者注

- 专家意见：对学生最终作品的展示或展览进行专业评价。

- 学生日记、设计记录本、实验报告或其他书面成果：证明学生学到了什么。

通过总结性评估和对项目的最终反思，你可能会发现学生没有达到学习目标。由你来决定如何处理：如果这些内容很重要的话，可以在之后的项目或其他课程里重新教授；如果不是特别重要的话，可以做好记录，以便下次再做这个项目时加以改进。

PBL专家小贴士

请校外专家和观众协助评估

除了教师、学生自己和同伴可以评估之外，学校以外的人员也可以参与评估。已经参与到项目中的专家可以协助进行形成性评估和总结性评估。项目作品或服务的终端用户，以及会被项目影响的利益相关人也可以参与评估。听学生分享最终作品的人可以给出反馈，供总结性评估参考。下面是一些建议。

▶ 确保提供反馈的人了解这个项目，清楚对作品和展示的期望。与他们分享评价量规或其他评价标准，以便给学生打分和记录评价。

▶ 鼓励观看展示的观众（温和地）提问。可以给出提问的建议或提问的框架。

▶ 在模拟真实情境的项目中，邀请外部人员扮演利益相关人，并向他们说明应该怎么做。

▶ 如果邀请的嘉宾是相关话题的专家，在展示结束后与他们交流，请他们对项目给予反馈意见。

结　语

> 不要去评估你没有教过的东西，这对学生来说不公平。这条基本建议对优质教学都适用，不局限于 PBL，值得大家牢记。例如，假如你要评估学生的演示能力，而他们之前没有学过，那你就要确保在项目期间教他们如何做演示。

> 在 PBL 中需要做大量的形成性评估，这听上去可能会给教师带来很大的负担——但请记住，你不是在孤军奋战！让学生参与自评和同伴互评，有助于减轻你的负担。在评估过程中邀请其他成年人参与，比如专家、导师和观众，也可以减轻你的负担。

> 正如我们在书中其他部分谈到的，PBL 的一个主要目标是鼓励学生成为独立自主的学习者。这一目标对评估来说同样适用。你可以把评估自我工作的能力，以及给予和接受反馈的能力视作基本的成功技能。这些能力可以使学生在以后的求学和工作中受益。

＊＊＊

第六章

为学生搭建
学习支架

为学生搭建学习支架有助于他们学习新知识、概念或技能。大多数教师已经知道如何搭建支架，只不过还需要重构这些支架，以适应 PBL 的语境。你教学工具箱中的许多教学支架策略都可以在项目中使用，但假如学生以往接受的主要是传统教学，你可能需要一些新的工具，因为 PBL 常常会要求学生以崭新的方式进行思考和行动。

在 PBL 中搭建学习支架也关乎教育公平。我们希望所有学生，无论他们的背景、过往的教育经历、阅读水平或语言能力如何，都能从 PBL 中获益。学习支架让有着多样需求的学生都能参与到项目中，并能达到相应的学习目标。不过，学习支架的一个关键方面将其与我们平常所说的"支持"区别开来，理解这一点非常重要。

支架是用来让学生达到更高层次的支持的，当学生不再需要时就会被移除。想想建筑物旁边的脚手架，一旦建筑物建成，脚手架就会被拆除。或者想想为学习骑自行车而装上的辅助轮。学生的学习也是如此。你的目标是鼓励学生的成长和自主性，而不是"过度支持"学生。扎雷塔·哈蒙德（Zaretta Hammond）这样解释：

> 从教师为学习提供支架直至撤离这些支架，学生会逐渐变得独立，教学公平也得以实现。不幸的是，我经常看到过度搭建的学习支架和永久性的教学拐杖。学生仍旧是依赖他人的学习者，从未将认知常规和流程内化。（Hammond，2020）

本章你将看到许多关于如何在项目过程中支持学生的例子。在你使用它们的时候，尤其是当你和学生对 PBL 更有经验的时候，要始终记着这个问题：我的学生是还需要这个支持，还是可以独立完成？

※ 规划学习支架

PBL 教师需要在启动项目前仔细规划学习支架，并在项目进程中借助形成性评估获取的信息，灵活应对学生的需求。通过实践和反思，你会更善于设计具体的支持，最大程度地满足学生在 PBL 中的需要。随着新的挑战不断出现，学生可能需要新的学习支架，但我们的目标始终是不变的：不断提高学生的独立性、自信心和掌握程度。

项目式教学评价量规中的"搭建学习支架"

▶ 每个学生都会得到关于获取内容、技能和资料的必要教学支持；当学生不再需要的时候，这些支架就会被移除。

▶ 尽可能用学生的问题和需要来引导学习支架的搭建；教师并不会在项目开启阶段灌输太多信息，而是等到学生需要或请求获取信息的时候才提供。

▶ 使用多种多样的工具和策略来教授关键的成功技能；给学生提供实践和运用这些技能的机会，并反思进展。

▶ 给学生的探究提供引导和学习支架，同时也让学生尽可能独立地思考和行动。

当你在思考项目所需的学习支架时，请记住，很多传统课堂中常用的学习支架也适用于 PBL，例如：

- 用"大声思考"做示范。
- 把一个话题分成几个部分。
- 提供可视化的模型。
- 激活已有知识。
- 关联学生的兴趣。
- 运用动手操作的活动和教具。
- 提供类比或比喻。
- 提供口头提示和引导性问题。
- 使用信息组织图或思维导图。
- 展示例子。
- 预习词汇。
- 追问后续问题。
- 运用故事。
- 创造机会让学生对话或讨论。
- 提供背景信息。
- 提供句子框架或语言模板。

用于搭建学习支架的技术工具

目的	工具
激活已有知识或关联学生的兴趣	Padlet、Nearpod Collaborate Board、Google Jamboard、AnswerGarden
提供可视化的模型	Noun Project、Pixabay、Unsplash
预习词汇	Quizzlet、Google Explore Tool、Google Define Tool
创造机会让学生对话或讨论	Backchannel、Flipgrid 以及视频会议平台（如 Zoom、Wonder、Google Meet、Microsoft Teams）的分组讨论。
使用信息组织图或思维导图	Coggle、Popplet、Google Draw
追问后续问题	Padlet、EdPuzzle、Voxer、Loom

成功实施项目的关键之一，是在规划阶段思考学生可能会在哪些地方

遇到困难，又可以设置哪些学习支架来支持他们。要做到这一点，一个有效方法是从学生的视角审视你的项目。

基于你对学生的了解——他们的长处、需要提高的方面、兴趣和有困难的地方，提前确定项目的哪些部分他们能够完成，哪些部分他们更可能需要支持。借助你以往的经验来预估课堂中会存在哪些需求。你过去做过的项目中有没有涉及诸如阅读这样的任务？每个学生都能读同样的阅读材料吗？是不是这一次学生面对同样的需求也需要学习支架的支持？不过要注意，不要盲目地根据以往的项目经验提前搭建过多的学习支架。学生的成长速度各不相同，所以仅在需要的时候使用学习支架是很重要的。

在规划学习支架的时候问问自己，这个学习支架是不是有可能让全班学生受益。例如，假如你想让学生参与学术对话，你可以在学年起始阶段介绍学术对话的开头句式，然后把一张写有这些句式的图表贴在教室的墙上。那些需要开头句式支持的学生可以参考，而已经将其内化于心的学生则可以不管它。

然而，以下这个问题也很重要：对这个学习支架的依赖是否会抑制一些学生的成长、妨碍他们学习或直面挑战？解决困难的过程往往会带来丰富的学习机会。例如，对于一项写作任务来说，有些学生可能会从结构化的大纲模板中受益，而另一些学生可能会更得益于没有学习支架所带来的写作挑战。在某些情况下，你可以决定哪些学生适合哪种学习支架；而在另一些情况下，你也可以帮助学生自己决定需要何种水平、何种形式的支持。

※ 为学习内容和项目过程搭建支架

学习支架可以有多种用途。很多为学习内容搭建支架的教学策略，也可以用来为项目过程搭建支架。下面是一些示例。

支架策略	项目过程支架的使用示例	学习内容支架的使用示例
用"大声思考"做示范	示范如何在项目启动时生成学生的问题。	示范如何去应对一个有挑战的数学场景。
把一个话题分成几个部分	在小组中分析合作评价量规的组成部分。	练习提出科学的假设,以支持学生进一步理解科学研究方法。
使用信息组织图或思维导图	为项目制定时间表。	阅读小说,完成一份人物分析表。
创造机会让学生对话或讨论	两两小组结对,评价彼此的成果或演示内容。	就有争议的历史话题进行苏格拉底式研讨。
使用常规以及规程	运用"画廊漫步"让学生给予和接受反馈。	使用"联系—拓展—挑战"的思维路径,帮助学生在原有知识和新想法之间建立联系。

为有特殊需求的学生搭建 PBL 支架

加利福尼亚州戴维斯市一所高中的特殊教育教师克里斯滕·乌利亚斯（Kristen Uliasz）说："PBL 改变了我对全纳式特殊教育的愿景,哪怕是那些最需要支持的学生也可以参与其中。"

乌利亚斯说,PBL 为所有学生创造的引人入胜、生机勃勃的学习氛围,也被认为是服务各种特殊学生的最佳方式。PBL 为他们提供了在真实世界中学习、培养成功技能和建立同伴关系的机会。

在为有特殊需求的学生规划学习支架时,他给出了以下建议。

1. 与同事合作。在筹备项目时,常规教育和特殊教育的教师可以组队,预测学生的需求并规划辅助支持。她指出:

"通用学习设计"①框架有助于我们认识到，为特定学生设计的学习支架实际上可以使许多学生受益。

2. 差异化教学。学生选择在 PBL 中做什么和如何做的同时，也给差异化教学创造了条件。传统的差异化教学策略也是适用的，例如，提前教授生词、提供视觉化的辅助材料、提供不同难度的阅读文本。

3. 在项目中嵌入 IEP② 目标。要规划好如何将学生具体的 IEP 目标纳入整个项目进程。项目应提供经常性的、真实且自然的机会让学生锻炼常见的目标，如沟通交流、自我管理、社交技能、自我决策和自我倡导。

摘自克里斯滕·乌利亚斯 2016 年发布于 pblworks.org/blog 的博客文章《基于 PBL 的全纳式特殊教育》（Inclusive Special Education via PBL）。

※ 为探究搭建支架

"持续探究"是项目设计核心要素之一。探究需要学习支架，特别是在学生对 PBL 相对比较陌生的时候。提出自己的问题、寻找资源、运用所学知识回答驱动性问题并创作成果的过程是复杂的。学生可能以为探究的意思就是上网搜索一个话题，因此你需要支持他们在以学习者为中心的课

---

① 通用学习设计（Universal Design for Learning，简称 UDL）是一种通过设计让所有学生都可以参与课程学习的框架。它包含多样化的参与方式、多样化的信息呈现方式、多样化的行动和表达方式这三个方面。——译者注

② 个别化教育计划（Individualized Education Program，简称 IEP）是为接受特殊教育的残障学生制定的教育方案。它详细描述了经历一年的学习之后，学生在知识、技能和行为等方面应达到的程度。——译者注

堂上培养独立思考能力。

在规划探究的学习支架时，思考诸如以下的问题。

- 在我的学科中，探究是什么样的？过程如何推进？需要哪些特定的思维？
- 基本的头脑风暴对生成问题有用吗？我是否需要为这个过程提供更多结构化的支持？
- 我是否需要为学生第一轮的探究过程提供一些基础知识？
- 我怎样才能给学生练习探究进程的各个步骤提供机会，让他们为独立探究做好准备？

正如本书其他地方所提及的那样，我们推荐你定期使用学生熟悉的少数几个工具和规程，如下表所列举的这些。

为探究搭建支架的工具和规程

工具 / 规程	描述	用途
看见—思考—发问（来自"零点计划"）	在看完一组图片、文件、数据点（data points）等后，学生描述他们看到了什么，意义是什么，以及想要提出什么问题。	在向学生介绍新想法的时候，让学生的思维可见，以此开启探究的过程。
建立背景知识（来自"EL 教育"）	在这个小组讨论规程中，学生用带有三个同心圆的海报纸，依次讨论他们对某主题的已有知识、共同阅读的一份材料，以及人手一份、内容各异的专家文本。	帮助学生联系他们已经知道的知识，并通过团队合作来理解新的复杂概念。
问题生成法（QFT）（来自"正确问题研究所"，详见 193 页）	用五个步骤来激发学生的思考，并生成一份开放性的、高质量的问题清单。	确保学生能提出好问题。
信息组织图或其他笔记文件	收集信息或以特定格式记录学生发现的结构或框架。	组织想法并帮助学生学习如何排序信息。

工具 / 规程	描述	用途
资源指南	是由教师审查的，带有链接、视频、网站和文章的讲义或数字空间。它可能包括一个搜索引擎列表。利用这些搜索引擎，你可以帮助学生找到符合自己阅读水平的资料，避免他们简单地"百度"一下。	帮助学生缩小搜索的范围，使他们专注于寻找问题的答案和发现新问题。

※ 为创作作品搭建支架

要确定学生为项目创作最终作品需要什么样的支持，你可以把创作作品的过程拆分为渐进的步骤。

例如，你可以将学习如何使用幻灯片做正式展示这一过程拆分成几个微型课堂，以便为理解内容、创建幻灯片、编写展示演讲稿以及练习并进行微调提供学习支架。拆分之后，每个步骤都为你和学生提供了评估的机会，也让任务变得更好管理。

类似地，展示最终作品的范例能帮助学生具象化最终的目标，也能帮助你发现哪些地方可能需要额外的学习支架，并确定你对最终作品的质量考查标准。但要注意，学生不能简单地复制范例，你也不想局限他们的思路和选择。你可以用一个近似的产品作为范例，这个产品不完全符合项目的要求不要紧，只要它们的质量评判标准大致相同即可。

另一个为作品搭建支架的好工具是描述作品的评价量规。尽早把评价量规分享给学生，以便他们经常查看，这有助于他们更清楚地理解要实现的目标。第五章中介绍的单点型量规就是一种简单的学习支架，可以用于在项目过程中对作品质量提供反馈。

PBL 专家小贴士

为英语非母语的学生搭建 PBL 支架

正如我们在导言中所说，有了恰当的支持，PBL 就适用于所有学生，包括那些英语非母语的学生

在学习支架的帮助下，你可以减少语言或文化上的障碍，帮助学生掌握知识或技能，最终完成项目并取得成功。你也可以在项目的语境里支持学生习得英语语言能力。想了解更多信息和学习支架的具体例子，请参阅本书附录中的《英语非母语学习者的 PBL 支架》。

你还可以在 pblworks.org/blog/resource-list-english-learners-pbl 上找到一份资源链接的汇总清单。

※ 为培养成功技能搭建支架

与规划和提供学习内容、项目过程及作品的学习支架同样重要的，是规划成功技能学习支架，它可以帮助学生发展你在项目中制定的成功技能目标。我们不能假定学生自然而然地就会知道如何以 PBL 所需方式进行批判性思考、解决问题、团队合作或沟通交流。

可以考虑在启动项目前先培养成功技能，这样在项目开始时学生就已经对这些技能有了基本的了解。让学生在低风险、不涉及新的学习内容的情境下练习一项成功技能，有助于他们专注于技能本身。就像规程和常规一样，一旦学生熟悉了一项成功技能的支架，他们就可以在需要时自然而然地使用它，把认知能量节省给学习和其他项目任务。

你为探究和项目过程搭建的学习支架，如评价量规、范例、常规和规程、开头句式等，也可以为成功技能搭建学习支架。以下是一些具体的示例。

成功技能	策略或活动	资源
批判性思维	• 让学生对某一话题的不同观点进行角色扮演，帮助他们换位思考。 • 用苏格拉底式研讨、指导性阅读、概念图帮助学生理解有难度的文本。 • 提供一份问题或注意事项的自查清单，以评估信息来源的可靠性。 • 使用开头句式帮助学生提高论证能力。	• 换位思考①或观点圈②式思维路径（来自"零点计划"）。 • 哈克尼斯圆桌会议规程、"说些什么"阅读规程、分级阅读文本或思维导图。 • WWWDOT③策略。 • 用于论证的句子起始语，如："我明白你的观点，但另一种可能的思考方式是……""你是否考虑过……?""我不同意，因为……"
问题解决	• 示范问题解决或故障排查的步骤。	• "帮助我理解"④。 （参见 Gamestorming.com） • "五个为什么"⑤。 （参见 mindtools.com）

————————————

① 换位思考（step-inside）是一种思维路径。学生从某人或某物的视角思考，思考其看到的、相信的、在乎的、好奇的事情，并通过表达和记录思考内容来丰富整个班级对这个话题的理解。——译者注

② 观点圈（circle of viewpoints）是一种鼓励学生从多个角度思考的思维路径。学生画一个圆形并等分成三份，分别在三个空间中填写：自己换位到谁的角度去思考一件什么事、（假设自己是那个角色）有什么想法、有什么疑问。——译者注

③ WWWDOT 是一种评估网站信源质量的思考策略，包括：谁写的（有什么资质）？为什么写？什么时候更新的？对我有用吗？网站的结构是什么？下一步计划是什么？——译者注

④ 帮助我理解（help me understand）是一种系统挖掘问题并给予回应的方法。参与者针对特定的主题，从 Who（什么人）、What（什么事）、When（什么时间）、Where（在哪里）、How（怎么做）五个方面广泛收集问题并分类汇总后，负责人会对重点问题进行回应。——译者注

⑤ 五个为什么（5 Whys，也写作 5Y）是一种探究问题根源的思考方式，即从目前正在面临的问题出发，反复追问为什么，直到挖掘出问题的根源。——译者注

成功技能	策略或活动	资源
合作	• 让一些学生以鱼缸会议的形式来示范各种团队合作行为，例如，如何做出小组决策、如何商定团队规范、如何分配团队成员的角色，其他同学则在一旁观摩。 • 为团队会议的议程提供模板。	• "35"（一个用于区分优先级的游戏；参见 Gamestorming.com）。 • 用"五指表决"来建立共识。 • DECIDE 模型①。
沟通	• 提供演讲展示计划表（参见 pblworks.org/resources 中的例子）。 • 在实际活动之前，（给学生）提供面对不同听众的低风险的练习机会。 • 张贴"如何礼貌地提出异议"的句子主干。	• 观看同年级的演讲视频（如 schooltube.com 上的视频）。 • 借助沟通评价量规进行示范和指导反馈。让学生录下演示内容以提供反馈，并且以团队为单位对表现进行自我评估。
创造	• 教授创新过程涉及的步骤。 • 教授并运用设计思维流程。 • 练习高阶的头脑风暴或想法生成策略。	• IDEO.com 网站上为教育工作者提供的设计思维工具包。 • 生成想法的技巧： 　- SCAMPER②　　- 角色扮演 　- 思维导图　　- 属性列表 　- 分镜　　　　- 可视化
项目管理	• 提供一份团队工作计划或团队任务日志文档（参见 pblworks.org/resources 中的例子）。 • 讲授解决团队冲突的流程。	• 参见第四章《管理教学活动》以获得更多想法。 • 在 pmief.org 上查找来自项目管理协会教育基金会（Project Management Institute Educational Foundation）的工具和资源。

---

① DECIDE 模型是一种有效决策模型，它包含六个步骤：定义问题、建立标准、思考多种可能性、确定最佳思路、开发行动方案、评估和反馈。——译者注

② SCAMPER 是一种帮助我们打开思路的创新工具，包括替代、合并、改造、调整、他用、去除和反向七个要素。——译者注

结　语

　　请记住，搭建学习支架的目的不是防止出现困难。我们希望学生能够参与有挑战性的项目，并体验挑战的过程，因为正是在这个最近发展区中，学生才能成长。我们想确保学生知道，我们会在那里支持他们，而不是为他们清除前进道路上的所有阻碍。

　　以下这些反思问题，回顾了本章已讨论的内容，并提供了进一步的思考。

　　❯ 我是否将学习支架与课标及其他学习目标对应起来了？

　　❯ 我如何使用形成性评估来帮助自己了解学生在项目中的需要？

　　❯ 我是否为不同技能水平的学生（包括有阅读障碍或语言障碍的学生）规划了多种途径，帮助他们获得成功完成项目所需的信息？

　　❯ 我如何鼓励学生成为更加自主的学习者，使他们能意识到自己需要支持并提出要求，而不是默认所有人都需要学习支架？

第七章

学生的
参与和指导

项目式学习的众多优势之一就是：通过精心设计，它将成为一种非常吸引人的教与学的方式。开展有意义的、和自身及他人的生活密切相关的项目，能激发学生的学习兴趣，激励他们参与有挑战性的工作。

有关吸引学生参与的很多内容，我们已经在其他章节中介绍了，尤其是第一章《设计与规划项目》。在本章中，我们将更多地探讨如何让学生在项目中全程保持投入。我们会从点燃学生兴趣和好奇心的"入项活动"说起。

项目式教学评价量规中的"参与和指导"

▶ 借助对每位学生的优势、兴趣、背景和生活的了解，教师得以促进他们参与项目，为教学决策提供依据。

▶ 学生和教师使用课标来共同定义项目的目标和各项基准，具体方法适合学生的心智发展阶段（例如，共同构建一个评价量规）。

▶ 项目是教师和学生共有的，这一特质维系了学生对项目的热情和主人翁意识。

▶ 学生提的问题在探究和成果推进的过程中起着核心驱动作用，驱动性问题也为持续探究发挥了积极作用。

▶ 明确了对全体学生表现的合理高期待，教师和学生认同并会强化这份共识。

我们也会谈谈 PBL 中"教练型教师"的角色。作为教师，我们必须在"讲台上的圣人"和"身旁的引导者"之间找到平衡，也就是在提供直接指导的专家和帮学生寻找答案并协助他们反思的引导者之间找到平衡。在项目中，这两种教学形式都有发挥作用的时间和空间。

※ 学生在项目启动阶段的参与：入项活动

在项目的开头，抓住学生的兴趣并激发他们的学习热情是很重要的。你应该让学生觉得这是一个特殊的学习机会，而不只是另一个学习单元的开始。项目启动通常有三个吸引学生参与的部分：入项活动、驱动性问题和生成学生的须知问题。

让我们先来看看入项活动。

有时，项目本身就很吸引学生，你就无须安排特别的活动来唤起学生的兴趣了。有经验的 PBL 教师知道什么时候这种情况会出现——通常是真实世界的问题或重要议题需要通过一个项目来反映的时候。此时师生可以共同创建一个项目，并立即启动。

如果你足够了解学生，那么仅仅宣布即将启动一个项目并开始实施也可能足以吸引他们。例如，如果学校里发生了欺凌事件，而你的学生想利用这个机会做点儿什么，那么一次简短的讨论就足以启动项目并开启探究过程。同样的情况也可能发生在大多数学生都做好了调查某一话题（例如，动物或宠物、体育和流行文化）的准备之时。

在这些例子中，吸引学生兴趣并激发他们学习热情的并不是某个"事件"。学生的兴趣和热情就这么自然而然地产生了。不过，对许多项目来说，教师需要规划一个入项活动来实现这一目标。毕竟，学生可能对你所教授学科中重要的话题知之甚少。他们可能对诸如地理、分数、诗歌或数据的重要性不是特别感兴趣。怎样让学生参与项目进而了解这些话题，都由你来决定。

PBL 专家小贴士

确保邀请嘉宾和实地考察成为有效的入项活动

你可能曾经有过这样的经历：你邀请了嘉宾来到你的课堂，但是这位嘉宾的演讲对学生来说不是很有吸引力。不要让这种情况发生在项目的入项活动中。请事先与嘉宾会面或电话沟通，向他们解释此次邀请的目的：激发学生的好奇心并开始参与某个话题。例如，为了更好地吸引学生，一位客座艺术教授可能会选择展示两件不同的艺术作品，让学生提问并思考其共同点，而不是用冗长的幻灯片向学生展示特定风格或特定时期的艺术作品。

在实地考察类的入项活动中，你如果需要学生听讲解或者预先录制的音频，那么同样需要注意上面的问题。如果你想请人与你一起做考察，请确保他们也了解这次实地考察的目的。

如果你要带学生进行虚拟的考察，请你先自行访问一遍。听听音频或看看图像附带的视觉资料。解说者的语调是否能激发学生对既定话题的兴趣？如果不能，最好重新选择虚拟考察的内容。

入项活动并不是教师在传统教学设计中所熟悉的"导入"。它的目标不仅是吸引学生的注意，更是要让他们去感知和思考。正如高中数学教师，PBLWorks 美国专家委会荣誉成员特兰尼亚·诺尔法所说，她的目标是"抓住学生的心，进而抓住他们的思想"。入项活动还要激发学生的好奇心，提出开启探究过程的问题。

入项活动可能需要一个课时，有时可能需要花更多的时间。它可以有多种形式：

- 特邀嘉宾。
- 互联网、电影或电视节目中的视频片段。
- 实地考察或实地工作。
- （真实或模拟的）信件。
- 热烈的讨论。

- 活动或情境模拟。
- 歌曲、诗歌或艺术作品。
- 令人吃惊的统计数据。
- 有启发性的阅读或网站浏览。
- 令人费解的问题。

这里有一些 pblworks.org 网站上的入项活动的例子：

- **有关身边物品的独家新闻。** 学生研究一件棉质 T 恤，并使用"看见—思考—发问"的规程讨论这件 T 恤的真正来源。
- **革命研究项目。** 学生模拟一个不公正的社会并参与其中，以此了解导致革命的因素。
- **健康校园挑战。** 学生参访学校食堂，与负责人见面，并参与学校午餐的试吃。
- **危险撞击。** 学生以小组为单位进行活动，使用教师提供的材料建造一个能确保鸡蛋掉落时不碎的装置。
- **生态作家。** 学生收到来自兄弟小学的教师寄来的信件或发来的视频。在信件或视频中，教师会邀请他们为低年级的学生写一本（关于生态环境的）童书。

远程学习的入项活动

身为教师、PBL 咨询顾问和博客作者的迈克·卡切利（Mike Kaechele）为用于远程学习的入项活动提出了以下建议。

▶ 弹幕讨论。把它办成一个大型活动，让学生做好准备，全班一起观看并用聊天功能表达看法。

▶ 特邀嘉宾视频会议。很多人都很乐意在线上与学生对话，那样他们就不需要花时间去你的教室了。

▶ 虚拟旅行。使用数字博物馆、网络摄像头或其他工具，如 Google Expeditions，进行虚拟旅行。

▶ 教师实地考察。教师自己去实地考察并做记录，采访相关人员，为项目收集数据和信息。

▶ 家庭实地考察。请学生离开屏幕，收集物品或数据，录制影像和声音。

▶ 采访。让学生与家人、朋友或社区成员进行电话或视频会议，了解他们对于某个问题或话题的看法。

▶ 虚拟仿真。进行一次虚拟实验或在科学实验室中给自己录像。使用热门游戏如《我的世界》或《太空狼人杀》作为起点。请学生在成年人的监督下调查科学现象或在家设计自己的（安全的！）实验。

来源：michaelkaechele.com。

※ 学生参与创设驱动性问题

在第一章中，我们介绍了 PBL 中驱动性问题的目的，并阐述了如何撰写驱动性问题。在这里，让我们探讨一下如何向学生介绍驱动性问题，或和他们共创驱动性问题，以便让他们参与项目。

如果你在规划项目时写好了驱动性问题，那就大张旗鼓地告诉学生。这通常就发生在入项活动之后。如果学生已经熟悉 PBL，他们会知道驱动性问题对项目有多重要。如果他们刚刚接触 PBL，你要向他们说明驱动性问题的作用，以及如何在项目过程中使用驱动性问题。

邀请学生参与讨论，确保他们理解驱动性问题，并认同这个问题抓住了项目的核心。你需要帮助学生明白驱动性问题与他们的工作是怎样紧密联系在一起的。也是在这个时候，你可能需要分发或张贴一份项目信息表，或者制作项目墙（见第四章），在上面注明项目概述和主要作品的具体信息。

如果你没有提前定好驱动性问题，那就在入项活动后邀请学生和你共创一个。这样做可以增加他们在项目中的能动性和主人翁意识。这通常更适合那些熟悉 PBL 的学生。

有时驱动性问题可能是显而易见的。例如，学生中间出现了我们前面提到的欺凌现象，那么驱动性问题可以非常简单，如："我们怎样才能减少校园欺凌行为？"在对问题进行讨论后，全班可以很容易地达成共识。

对于另一些项目，你可能需要更多时间来共创驱动性问题。在入项活动之后，请重温一个好的驱动性问题应符合哪些标准（见第一章）。可以请学生两人或三人一组写出可能的驱动性问题，然后再让全班选出最终的问题。如果有可能，最好能达成全班共识，避免采用"少数服从多数"的方法，因为这样做容易将少数群体拒之门外。

※ 学生参与生成须知问题列表

吸引学生参与 PBL 的另一个关键在于生成和使用他们自己的须知问题列表。给予学生自主权，让他们提出项目的核心问题，是很有激励作用的。在整个项目过程中，学生不断探寻答案和提出新问题，通过持续的探究保持参与的热情。

这个过程是项目启动的一部分。它是在学生参与了入项活动，知道了驱动性问题，并了解了项目的基本信息之后开展的。这通常需要一个课时。以下是具体步骤。

1.（在白板、海报纸或电子工具上）创建一个三栏图表，用于记录以下步骤 2、步骤 3 和步骤 4 的结果

已知	须知	下一步

2. 邀请学生思考，对于这个项目主题，他们已经知道的哪些知识或已经具备的哪些技能有助于他们成功完成项目

这一步激活了学生自身可利用的原有知识，还促使他们考虑社区与项目的关联、可能对项目有帮助的人和专家，以及可以使用的技术工具等因素。以下是一些建议。

- 给学生留出思考的时间。先是独立思考，然后是两两结对或在小组中讨论。
- 别在"已知"上花费太多时间，而应及时转入"须知"。随着项目的推进，学生仍有机会在这两栏中添加新想法。
- 学生在分享中是怎么说的，就怎么记录。用他们的原话来培养主人翁意识。
- 必要时可以要求学生澄清或允许他们做小的修改。

3.邀请学生思考，要想成功完成项目，他们需要了解什么，以及会用到哪些技能

这一步促使学生考虑与驱动性问题和项目主要作品相关的学科知识、概念和具体技能。除了以上所述，这里还有一些补充建议。

- 如果学生不熟悉这个过程，可以举一两个例子。
- 如果你发现学生遗漏了一些重要内容，可以引导他们提出更多的问题。
- 你可以请学生在便利贴上写下问题，这样你就可以在问题被解答之后挪动便利贴。
- 在这一步，如果学生的一些问题与项目无关也不用担心，弄清楚真正的须知问题是探究过程的一部分。

4.请学生思考下一步需要采取什么行动

这一步让学生思考，要想回答自己提出的问题，该从何处入手。鼓励学生不要局限于"我们应该做研究"这样简单的想法。通过提示，让他们说出具体想研究什么，以及怎么去研究这个问题（例如，在线搜索、询问专家、针对某个作品的用户做问卷调查等）。

5.请学生把问题归类（可选）

这一步要进一步支持学生深入项目的核心并提出能持续推动深度学习的那类问题。你可以让学生对"已知"和"须知"的内容进行归类，例如：

- 与后勤支持、项目过程或项目作品有关。（如，视频是多长时间？我们要向谁做展示？）
- 与内容有关。（如，人们为什么搬到我们的社区？我们调查多少个学生才足够有效？海牛吃什么食物？）

PBL 专家小贴士

用 QFT 为学生搭建提问的支架

学生需要教师的指导和支持来提升提出有用问题的能力，这些问题将在项目过程中引领学生的探究。"问题生成法"（Question Formulation Technique，简称 QFT）是一种为学生的提问搭建支架的方法，由"正确问题研究所"（The Right Question Institute）创建。

学生在用头脑风暴的形式提出问题后，将问题标记为"封闭式"和"开放式"两类。接下来，他们练习将开放式问题转换为封闭式问题，再练习将封闭式问题转换为开放式问题。然后，学生选出最看重的三个问题，并说明他们这样排序的理由。最后，学生分享他们选出的问题，并反思开放式和封闭式这两类问题的价值。这有助于学生互相学习，看到自己提出问题的价值。

6. 在项目过程中回顾驱动性问题与须知问题列表

为了让学生始终都能够投入探究过程，请在整个项目过程中经常回顾驱动性问题和须知问题。

为定期反思驱动性问题安排一个常规活动，以持续关注该问题，并了解学生对驱动性问题的思考是如何演变的。询问学生这个问题是仍然抓住了项目的核心，还是需要修改。回顾须知问题列表也是如此。将已回答的问题移到"已知"列，将新问题添加到"须知"列。经常甚至在每次班会开始时都这样做，可以帮助学生回顾前一天的学习，并将之后的学习和工作视为进一步探寻问题答案的机会。当学生看到他们的"已知"列表越来越长，新提出的问题变得越来越深刻和复杂时，他们会感到动力满满。

与学生一同回顾须知问题时，你可以给出一些提示，比如：

- 我们已经回答了哪些问题？
- 又产生了哪些新问题？
- 哪些问题现在看来比较重要或不太重要？

注意：随着探究的不断深入，学生可能会问一些与完成项目没有直接关系但很有趣的问题。这些问题也值得探索。你可以邀请学生自行调查这些问题，并留出时间让他们与全班同学分享调查结果。

※ 保持学生参与度的更多建议

在项目开展过程中，如果你感觉学生变得心不在焉，可以问自己以下几个问题。

1. 我是否为学生提供了适当的挑战和支持

要实现学习和成长，我们需要进入"拉伸区"（有时也被称为"风险区"）。如果挑战遥不可及或缺乏足够的支持，我们就会处于"沮丧区"或"危险区"，变得心不在焉。如果一项任务太简单，我们就会待在"舒适区"，不能发展任何新知识或新技能，这样也会变得心不在焉。

因此，在设计项目时，除了要考虑学生的热情和兴趣外，还要考虑他们在学术上的优势和挑战。这能让你为所有学生都在项目中取得成功打好基础。更多为学生提供支持的内容，请参阅本书第六章。

2. 我是否在以恰当的速度推进项目

让学生在项目全程保持参与、充满动力的最佳方法之一，就是设置合适的时间跨度。它要足够长，能促进深入的探究和学习，使学生创作出高质量的作品；又不要太长，以至于让学生感到无聊或疲倦。在设计项目时，我们建议你创建的项目日历有一定的灵活度。如果你注意到学生变得心不在焉，请考虑缩短时间或加快进度。

PBL 专家小贴士

防止"项目倦怠"

对于如何让学生在项目期间保持投入这个问题，身为教师、作家、博主的约翰·斯潘塞（John Spencer）提供了以下建议。

▶ 调整你的期望。如果学生看起来有些筋疲力尽，给他们更多时间来完成这个项目。

▶ 使用设计思维框架。在项目中设置明确的阶段，这样学生就会知道，他们应该在完成一个阶段的任务后（如调查研究）再进入另一个阶段（如创意构思）。

▶ 在项目中设置子任务。设立短期目标，以便学生感知（并庆祝）自己的进步。

▶ 暂停项目。暂停项目一天来进行团队建设，或开展一个能让团队成员休息的活动，甚至开设一节和项目主题不同但学生非常感兴趣的课程。

来源：spencerauthor.com 上的博文《项目倦怠的惊人科学（以及教师如何预防）》[The Surprising Science of Project Fatigue (And How Teachers Can Help Prevent It)]。

3. 我是否需要在项目中注入一些新元素

在一个跨度较长的项目中，学生的热情和参与度可能会在"乱作一团的中间阶段"有所下降。重新点燃学生的热情并提高参与度的一个好方法，是帮助学生了解在项目中所学的内容和技能是如何与真实世界关联起来的。

想一想让入项活动变得吸引人的那类点子。可以考虑邀请一位专家来教授新内容，或对学生正在进行的工作给予反馈。让学生审视与他们正在创作的作品相类似的真实例子或专业实例。让社区成员也参与进来，请学生去调查或采访那些生活会被这个项目影响的人。这类体验会帮助学生对正在学习的内容产生新的认识，也赋予他们继续推进项目的动力。

如果你的项目是模拟项目，而不是现实中完全真实的项目，你可以在项目场景或问题中引入预先计划好的"转折"来提高参与度。例如，如果学生在一家虚构的公司担任产品工程师，该公司想要设计新型玩具，那么他们可能会收到一份包含一些限制条件或新进展的备忘录。（毕竟这类事情在现实生活中是会发生的！）

❈ 教练型教师

在项目式学习中，教师扮演着多种角色：有时是传统的学科专家，有时是引导者，有时是教练。

"学生是工人，教师是教练"这一比喻因教育改革家特德·塞泽（Ted Sizer）的推广而被人们熟知，这个比喻对 PBL 课堂来说也很恰当。他将这个比喻和人们更为熟知的"教师是教学服务的传递者"进行对比，并倡导"指导学生学会学习，从而实现自学"（Sizer，1990）。

音乐、美术和戏剧教师经常扮演教练的角色，许多职业或技术教师在指导学生设计东西、修理机器或造建筑物时也是如此。你可以想想体育教练的如下做法。

- 传达成功的愿景。
- 分享关于如何打比赛或完成动作的专业知识。
- 提供应用和实践的机会。
- 对表现给予反馈。

- 关注情绪健康。
- 为运动员喝彩并庆祝成功。

教师、PBL 顾问迈拉·李也将"最佳教师"和她儿子的游泳教练做对比，并提供了以下六种可供 PBL 教师使用的指导技巧（Lee，2018）。

1. 提问

教练会提出探索性的问题，旨在帮助人们思考得更深入。"你为什么这样说？"就是个很好的例子。你可以在项目墙或其他地方（桌子、锚图等）展示问题题干，以支持学生间的相互指导。例如：

- 为什么你认为会是这种情况？
- 为了做到……你会做哪些改变？
- 你希望怎样？
- 你还有什么办法可以……？
- 如果……会是什么样子？
- 如果……你认为会发生什么？

2. 聆听

教练会积极聆听。他们暂缓判断，专注于学生，不打断，还会提供停顿让学生有时间思考（Willis，2018）。教练会用肢体语言呼应学生，比如进行眼神交流、身体前倾表示感兴趣、点头表示赞同、用面部表情传达对学生所分享内容的同理心。尊重式的转述可以表达对学生所说内容的肯定。

3. 形成性评估与反馈

教练会给出有效的反馈，不过前提是学生想要寻求反馈或邀请你给予反馈，这一点很重要。教育改革家、"追求理解的教学设计"的联合创始人格兰特·威金斯（Grant Wiggins，2012）认为有效的反馈具有以下七个特征。

- 以目标为参照。

- 清晰且透明。

- 具有可操作性。

- 方便使用（具体且个性化）。

- 及时。

- 持续进行。

- 具有一致性。

通过聆听、提问和观察，教练和学生可以使用反思问题来指导下一步的行动，比如"我要往哪里去？""我做得如何？"以及"我下一步要去哪里？"（Fisher and Frey，2011）。

4. 反思

教练在整个项目过程中都会为学生提供有意义地反思的机会。他们会邀请学生以书面和口头的形式回顾自己的经历。教练型教师可以引导反思性讨论、访谈和提问，甚至学生也可以这样做。日记和项目日志可以用于记录书面反思（Costa & Kallick，2008），可见的思维路径和学生博客也可以用来反思学习过程。（更多有关如何在整个项目中促进反思的内容，请参阅第四章《管理教学活动》。）

5. 逐步放权

教练的教学目标是让学生能够独立地做一些事情。很多教师已经熟知这个理念，它被称为"我做，我们一起做，你做"（Fisher & Frey，2013）和"示范，帮助，放手"，包括以下环节。

- 示范如何完成一项任务。

- 通过指导性练习支持学生。

- 让学生独立完成任务。

6. 肯定与信任

教练会传达出对学生能力的信心，这有助于双方建立信任关系。正如教师、顾问兼作家里克·沃姆利（Rick Wormelli）所指出的，这种信任是从开学第一周起就开始建立的。它有赖于深入了解你的学生，培养同理心，并创设一种"我们一起在做这件事"的合作文化（Wormelli，2016）。（获取更多内容，请参阅本章"成为'温暖的要求者'"部分和第三章《建立课堂文化》。）

> **用于远程学习** **远程学习中的指导**
>
> 一旦你无法和学生面对面交流，建立融洽的关系就会更难，而这种关系是进行高效指导所必需的。以下是一些你可以做的事。
>
> ▶ 以个性化签到的方式开启个人或小组会议。流露出温暖和关爱，对在线交流来说是特别必要的。
>
> ▶ 利用视频会议的分组讨论室或安排不同时间段来引导小组互动和关系的建立。
>
> ▶ 鼓励学生通过电子邮件或其他方式与你私下交流他们的感受和需求。
>
> ▶ 使用技术工具（例如，投票工具、视频会议软件的聊天或反馈功能，以及 Padlet、Jamboard 或 Nearpod Collaborate 这样的共享电子公告栏）对小组进行经常性的"温度检查"[①]，衡量学生的情感和学术需求。

[①] 温度检查（temperature checks）是指通过及时的反馈检查来了解小组成员当下的状态。——译者注

做"学习者的领队"

要想在课堂上把自己定位为教练型教师，就有必要从"学习者的领队"的立场出发。这是校长们经常使用的一个概念，这里我们想用这个词来表示你在项目中与学生密切合作、共同学习的一个状态。当然，你依然是学科专家，项目也由你来设计。但假如驱动性问题是真正开放式的，那就不存在你事先知道的"正确答案"。你为学生留出空间，让他们（至少在一定程度上）在项目过程中开辟自己的道路，他们会给你带来惊喜，发掘出意料之外的东西，所以你也会和他们一起学习。

成为学习者的领队看起来是什么样？以下是一些示例。

- 确保学生明白，你不知道驱动性问题的答案，也不会试图引导他们走上一条特定的道路。
- 以身作则，让学生看到你是真的兴致勃勃地想要与他们一起探索驱动性问题或要解决的其他问题，并且对他们阅读的文本、浏览的网站、访问的地方、观看的视频和提意见的专家很感兴趣。
- 与学生一起"大声思考"，以表明你确实对项目的各方面感到好奇，也想知道某些问题的答案。
- 和学生一起思考哪些资源有助于项目的完成。对学生自己发现的资源持开放态度，即使你原本打算给他们提供另一些资源。
- 正如我们在第一章中讨论过的那样，你甚至可以邀请学生来确定他们想在项目中去关注的真实问题、议题和感兴趣的话题，然后与他们共同设计项目。

成为"温暖的要求者"

"温暖的要求者"是对在 PBL 中担任教练型教师颇有帮助的另一个概念，它的提出可以追溯到 20 世纪 70 年代。当时朱迪思·康菲尔德

（Judith Cornfield）用它来描述一种让阿拉斯加本地学生受益最多的教学风格。莉萨·德尔皮特（Lisa Delpit）进一步发展了这个概念，她认为，温暖的要求者是那些"对学生抱有很大期望，让他们相信自己的才华，并帮助他们在遵守纪律、精心组织的环境中发挥潜力"的教师（Delpit，2013）。

扎雷塔·哈蒙德对"温暖的要求者"应该做哪些事情进行了如下拆解（Hammond，2014）——这些都适用于在 PBL 中建立文化和担当教练型教师。

- 让学生看到你在用心地建立融洽和信任的关系。通过非语言的方式传达暖意，如微笑、触摸、温暖或坚定的语气，以及善意的玩笑。
- 询问学生生活中的重要人物和事件，以此表达对学生的关心。
- 赢得向学生提要求的权利，以便他们能够积极参与、共同努力。
- 熟练掌握教学所需的技术工具。
- 坚持高标准，并为依赖性强的学习者提供情感支持和教学支架来帮助他们达到标准。
- 拥抱那些能使人从中吸取教训、有所收获的挫折。
- 表达个人的关心和"严厉的爱"，让学生感受到关爱。

※ 项目完成时的指导

项目式教学评价量规中"参与和指导"这一栏的最后一项指标强调了反思的作用，同时指出学生和教师会在整个项目中"特别注意记录收获和庆祝成就"。在项目接近尾声时，这一点尤其重要，因为它能帮助学生学习，也能帮助你学习——在付出这么多努力之后，这是你们应得的。

在学生完成了最终作品并公开展示，且所有的总结性评估也已结束之后，邀请学生反思学到的知识、理解和技能，反思自己是如何学习和完成项目的，以及反思项目设计本身（这对你来说是很有用的反馈）。到这个阶段，学生可能已经习惯了反思常规，所以再次使用这些常规（或者为了这次特殊的反思，尝试一个新方法），向学生提出下面这样的问题。

（关于他们学到的东西）

- 对于驱动性问题，你认为得到满意的答案了吗？
- 关于这个话题，你还想了解什么？
- 你学到的最有价值的东西是什么？
- 你学会了或者提升了哪些成功技能？
- 你在这个项目中实现目标了吗？对下一个项目，你想设定什么新目标？

（关于他们是如何学习的）

- 项目的哪些部分最具挑战性？为什么？哪些部分进展得十分顺利？
- 哪些困难是你不得不克服的？哪些障碍是你不得不跨越的？你是怎么做到的？
- 你的小组合作得怎么样？下次你如何提高自己的合作能力？

（关于这个项目）

- 项目的哪些方面设计得不错，哪些方面可以改进？
- 哪些具体的资源或哪些课程特别有帮助？如果再做一次这个项目，你可能还需要什么资源？
- 你觉得你的项目产生影响力了吗？你是不是满足了某项需求？

最后，请学生庆祝他们在这个项目中完成的一切。告诉他们你认为特别值得庆祝的事。以下五个点子可以帮你更公开、更正式地庆祝一个项目。

1. 邀请观众在作品展示后留下来参加招待会，与学生进行非正式的交谈并给予赞扬。

2. 邀请了解项目的学校或学区行政人员，或者是参与项目的外部专家、社区成员和家长来到你的课堂并表示祝贺。

3. 在全班的一次活动上，创建一个"我们的骄傲"或"我们的高光时刻"列表。

4. 让你社区里的人知道这个项目。找当地报纸、电台或电视台的记者来报道你的项目，并宣传项目成果。在当地政府办公室、企业、公共图书馆、博物馆、画廊、社区中心等地安排项目作品的展出。

5. 创建一份档案或某种形式的"纪念品"。学生可以制作一个作品展示区，在题为"这个项目是……"的海报上写下想说的话并将其张贴在教室的墙上，把照片和文字作品汇集到剪贴簿里，或者把项目成果的信息上传到线上的电子档案中。你可以将这些令学生无比自豪的纪念品保存一整个学年，以便家长、访客、学校管理人员和其他教师观看。这些优秀 PBL 范例也可以给其他学生参考。

结　语

　　本章一些常见的主题和其他章节的内容是有交集的：在 PBL 中邀请学生参与和提供指导需要你非常了解自己的学生，还需要你不断寻找方法帮助他们将学习经历联系起来并发现意义。这就要求你能发现他们的长处并予以发扬，找到发掘他们潜力的方法，利用各种机会帮助他们成长。

　　让我们用美国学习政策研究所（Learning Policy Institute）的琳达·达林－哈蒙德的建议来结束本章。在 2021 年 1 月为加利福尼亚州教育部做的一次演讲中，她分享了学习与发展的科学中的两个原则，这两个原则与在 PBL 中成为教练型教师具有直接联系。

> 人际关系是促进健康发展和学习的基本要素。

> 学生对自己能力的看法会影响学习效果。

附　录

项目设计评价量规

	不够有效的 PBL 设计	需进一步提升	有效的 PBL 设计
	该项目在每个项目设计核心要素方面都存在以下一个或者多个问题。	该项目包括了一些有效 PBL 的特征，但也存在一些不足。	该项目具有以下优点。
学生的学习目标：核心知识、理解和成功技能	• 学生的学习目标不明确、不具体，项目没有聚焦核心知识或课标。 • 该项目没有明确地以成功技能为目标，没有对成功技能进行评估，或者没有为成功技能的培养提供教学支架。	• 该项目以源于课标的知识和理解为重点，但针对对的重点不太重要。 • 该项目虽指向成功技能，但成功技能太多，导致无法充分地对其进行教授和评估。	• 该项目注重教授具体且重要的知识、理解与技能，它们源于课标，它们源于课标，位于学科的核心。 • 该项目明确指向需教授和评估的成功技能，例如批判性思维、合作、创造和项目管理。
项目设计核心要素：具有挑战性的问题或疑问	• 该项目没有聚焦于一个核心问题或疑问（可能更像一个设置了几个任务的教学单元）；或者问题或疑问太容易被解决、没有开展项目的必要性。 • 核心问题或疑问不是根据项目的驱动性问题来组织的，或有严重的缺陷，比如： 　- 答案单一或简单。 　- 对学生来说没有吸引力（听起来太复杂或太"学术"，像是来自教科书或只有教师感兴趣）。	• 该项目聚焦于一个核心问题或疑问，但难度可能不适合目标学生。 • 驱动性问题虽然与项目相关，但并没有抓住核心问题或疑问（可能更像是一个主题）。 • 驱动性问题满足了部分"有效的 PBL 设计"侧（见右一列），但不是所有标准。	• 该项目聚焦于一个核心问题或疑问，难度适当。 • 该项目设定了一个驱动性问题，该驱动性问题符合以下标准。 　- 具有开放性，有不止一个可能的答案。 　- 容易理解且具有启发性。 　- 与学习目标对应；要获得目标知识、理解，学生需要回答这个问题，理解和技能。

	不够有效的PBL设计 该项目在每个项目设计核心要素方面都存在以下一个或者多个问题。	需进一步提升 该项目包括了一些有效PBL的特征,但也存在一些不足。	有效的PBL设计 该项目具有以下优点。
持续探究	• "项目"更像是一项活动或实践性任务,而不是一个可延伸的探究过程。 • 没有生成问题以引导探究的过程。	• 探究是有限的(可能很简短,在项目中只出现一两次;收集信息层次不要;没有提出更深层次的问题)。 • 学生提出了问题,不过虽然有些问题可能会被解决,但是并不能用于指导探究的进程。	• 探究是长期持续的,且具有学术严谨性(学生提出问题,收集并解读数据,制定和评估解决方案为答案寻找证据,并提出进一步的问题)。 • 整个项目中的探究是由学生提出的问题驱动的。
真实性	• 该项目类似于传统的"学校作业";缺乏真实世界的情境、任务和工具,无法对世界产生真正的影响,也与学生的个人兴趣无关。	• 该项目具有部分真实特征,但这种真实性比较有限,或让人感觉是刻意设计出来的。	• 项目拥有真实情境,涉及真实世界的任务、工具和质量评判标准,会对世界产生影响,与学生的个人关注点、兴趣或自身份相关。
学生的发言权和选择权	• 学生没有机会表达自己的想法并做出选择,也就无法影响项目的内容或过程;项目是以教师为导向的。 • (或者)教师或学生没有给学生充分指导或要求他们独立完成太多的工作。	• 学生表达自己的想法和做出选择的机会较为有限,通常体现在不太重要的事项上(比如决定使用哪个网站或做研究)。 • 学生在一定程度上可以脱离教师独立开展工作,但实际上这种独立程度还可以更大。	• 学生有机会在重要事项上表达想法和做出选择(比如调查的主题、提出的问题、使用的文本与资源、合作的对象、创作的作品、时间的利用及任务的组织)。 • 学生有机会承担重大的责任,并在教师恰当的指导下,恰当地独立开展工作。

	不够有效的PBL设计 该项目在每个项目设计核心要素方面都存在以下一个或者多个问题。	需进一步提升 该项目包括了一些有效PBL的特征，但也存在一些不足。	有效的PBL设计 该项目具有以下优点。
反思	• 学生和教师没有反思学习内容、学习方式、项目设计和项目管理。	• 在项目期间和结项之后，学生与教师进行了一些反思，但并没有定期进行或不够深入。	• 在项目期间和结项之后，学生与教师对学习内容、学习方式、项目设计、项目管理进行了周密、全面的反思。
批判性反馈和修改	• 学生对自己的作品和正在进行中的任务，只能收到有限的或不定期的反馈，而且这些反馈仅仅来自教师，而没有同伴的参与。 • 学生不知道如何利用反馈对作品做出修正和改进，或教师没有这样要求学生。	• 学生有机会就作品质量和正在进行中的任务给予并接收反馈，但这些反馈可能并不规范，或只进行了一次。 • 学生会考虑和听取他人对其作品质量的反馈，但并没有做出实质性的修正与改进。	• 对于作品质量和进行中的任务，学生有机会定期且逐步明确地给予并接收反馈。这些反馈来自同伴、教师以及适合的课外人士。 • 学生会利用反馈来修正和改进他们的作品。
公开展示的成果	• 学生没有通过向观众展示，或提供课外人士使用的方式来公开其项目作品。	• 学生作品仅对同班同学和教师公开。 • 学生会展示作品，但教师没有要求他们解释开展项目的方式和学习的收获。	• 学生通过向课外人士介绍、展示，或提供其使用的方式来公开作品。 • 教师要求学生解释他们做出某些选择的理由、探究的过程，开展项目的方式以及学习的收获等。

项目式教学评价量规

项目式教学实践	新手 PBL 教师	进阶 PBL 教师	符合黄金标准的 PBL 教师
设计与规划	• 项目包含了一些项目设计核心要素，但没有达到项目设计评价量规中的最高标准。 • 搭建的学习支架和评估计划缺少部分细节；项目日历需要安排得更具体，或者未被遵守。 • 没有预期或者未能提前准备一些项目所需资料。	• 项目包含了所有项目设计核心要素，但一些要素没有达到项目设计评价量规中的最高标准。 • 搭建的学习支架和评估计划缺少部分细节；项目日历安排得太松或太紧，又或者执行得过于死板，未能回应学生的需要。 • 对大部分项目所需资源已经有所预期，并做了提前安排。	• 项目包含了项目设计评价中表述的所有项目设计核心要素。 • 规划详尽，包含学习的支架、评估和项目调整要素；能根据学生的需要灵活调整项目日历。 • 对项目所需资源已经有尽可能充分的预期，并已提前做好安排。
与课标对应	• 给出了项目作品的评价标准，但并不是明确地锚定于课标。 • 学习的支架、批判性反馈和修改的规程，评估和评价量规未能指向并支持学生达成具体课标。	• 部分作品评价标准不明确，无法证明学生已达成全部锚定课标。 • 学习的支架、批判性反馈和改进的规程，评估和评价量规并未总是指向并支持学生达成具体课标。	• 项目作品的评价标准明确而具体地未到课标，并能展示出学生的掌握情况。 • 学习的支架、批判性反馈、评估和评价的规程，评估和评价量规自始至终都指向并支持学生达成具体课标。
建立课堂文化	• 制定了指导项目运行的规范，但还像由教师推行并监管的规则。 • 教师会去了解学生的想法并给他们一些选项，但学生和选择的机会并不多，或只在一些次要的问题上有发言权。	• 指导项目运行的规范是师生共同设定的，学生开始有内化这些规范。 • 通过有意设计的各种机会鼓励学生发言和选择（例如，在小组、查找资料，使用批判性反馈规程、创作项目作品之时）。	• 用来指导项目运行的规范是师生共同制定的，并由学生进行自我监督。 • 经常、持续地赋予学生发言权和选择权，包括明辨学生想要在项目中研究的真实问题。

项目式教学实践	新手 PBL 教师	进阶 PBL 教师	符合黄金标准的 PBL 教师
建立课堂文化	·学生偶尔可以独立工作，但经常会寻求教师的指导。 ·学生团队效率常常低下，或者需要教师的频繁干预。 ·学生觉得他们应该给出一个"正确答案"，而不是自己提出问题并解答；他们害怕犯错。 ·重视"完成工作"，没有给修改作品留出时间；强调"覆盖面"而不重视质量和深度。	·学生在一定程度上可以独立工作，但也常常会寻求教师的指示，哪怕他们本可以自行解决。 ·学生团队卓有成效，并学习如何从共同工作中迈向有效合作；教师偶尔介入或管理学生团队的工作。 ·学生知道回答驱动性问题并完成项目有多种途径，但对提出和试验猜想法较谨慎，害怕被判定为"错误"。 ·教师让学生认识到批判性反馈及修改的价值，坚持不懈的精神，严谨思考以及高质量作品带来的自豪感，但学生尚未内化这些价值观。	·在得到教师点到为止的指导后，学生通常就知道他们需要做什么了。 ·学生在健康、高效的团队环境中合作，就像在真实的工作中那样；教师很少需要参与团队管理。 ·学生明白，不存在唯一的"正确答案"或做项目的优选方式；他们也知道，冒险、犯错并从中吸取教训都是这些问题中的。 ·学生对批判性反馈及修改的价值、坚持不懈的精神、严谨思考以及高质量作品带来的自豪感具有共识，并为此而彼此负责。
管理教学活动	·课堂上安排了个人工作时间和团队工作时间，也有小组辅导，但安排给全班讲解的时间过多。 ·没有为项目工作制定明确的课堂常规和规范；时间没有被有效利用。	·课堂上安排了个人工作时间和团队工作时间，包含全班和小组辅导，但这些安排在整个项目期间没有达到很好的平衡。 ·为项目工作制定了课堂常规和规范，但学生没有持续遵守。	·课堂上安排了合理的个人工作时间和团队工作时间，既包含全班也有小组辅导。 ·在项目实施期间，学生能够始终遵循课堂常规和规范，时间得到了充分利用。

项目式教学实践	新手 PBL 教师	进阶 PBL 教师	符合黄金标准的 PBL 教师
管理教学活动	• 设定了时间表、检查节点和截止日期，但不能严格执行或本身不可行；瓶颈期会阻碍工作流程。 • 分组要么是随机的（例如报数），要么是在缺少正规标准或流程的情况下由学生自己组队的。	• 设定了可行的时间表和截止日期，但需要更多灵活度，检查节点有时会出现瓶颈期。 • 分组情况大致均衡，但没有考虑项目的具体情况；学生的发言权和选择权过多或不够。	• 使用项目管理工具（小组日历、团队公约、学习日志等）来支持学生的自我管理、学习能力和独立性。 • 设定了切合实际的时间表，但又有一定的灵活性。 • 截止日期、检查节点和没有瓶颈期阻碍工作流程。 • 根据项目特征和学生需求组建了均衡的团队，赋予学生适当的发言权和选择权。
搭建学习支架	• 学生得到了获取内容和资料的一些教学支持，但许多学生个体的需求没有被满足。 • 教师可能会在项目启动前就预先灌输学科知识，而不是等到过程中需要的时刻。 • 核心成功技能是做项目的过程中自然而然培养起来的，而不是教师有目的地去做的。 • 要求学生做调研或收集数据，更具深度的信息没有提供充分指导；问题不是基于收集的信息提出的。	• 大部分学生得到了获取内容和资料的教学支持，但一些学生个体的需求没有被满足。 • 学习支架的搭建一定程度上由学生中的问题和须知来引导，但其中依旧有一部分是灌输的。 • 教师教授了核心成功技能，但学生在运用之前还需更多学习和实践。 • 给学生的探究提供了引导和学习支架，但还不够多；教师可能会过于直接地把控过程而限制了学生的独立思考。	• 每位学生都会得到获取内容、技能和资料的必要教学支持；当不再需要的时候，这些支架就会被移除。 • 学习支架的搭建尽可能由学生的问题和学生在项目起始阶段需要引导；教师并不会灌输大多信息，而是等到学生需要时才提供。请来获取多多信息的时候才提供。 • 使用多种多样的工具和策略来教授核心实践和运用成功技能；给学生提供机会来探究。 • 给学生的探究提供了引导和思考和行动，然后反思进展。 • 学生的探究尽可能让学生尽可能独立思考和行动。

项目式教学实践	新手 PBL 教师	进阶 PBL 教师	符合黄金标准的 PBL 教师
评估学生的学习	• 学生在学科课标方面的学习主要是通过传统方式（比如考试）而不是项目作品来评估的；没有评估成功技能。 • 使用团队创作的项目作品来评估学生个人是否达到了课标准。 • 偶尔会使用形成性评估，但是不定期，或评价工具和流程较为单一。 • 没有使用批判性反馈及修改的规程，或不够正式；反馈较肤浅，或没有被用于改进作品。 • 学生会非正式地评估自己的工作，但教师没有定期提供步骤明确的机会让学生自评。 • 评价量规被用来评估最终的项目作品，而没有被用作进行形成性评估的工具；评价量规不是由课标发展而来的。	• 使用项目作品和其他证据来评估学科课标的达成情况；一定程度上评估了学生个体的学习成功技能。 • 一定程度上评估了学生个体的学习情况，而不是只评估了团队创作的项目作品，但教师对学生个体的学习情况缺乏足够证据。 • 在一些场合中使用若干不同的工具和流程来进行形成性评估。 • 偶尔使用步骤明确的批判性反馈及修改的规程，或是其他的形成性修改的规程和运用反馈。 • 学生有机会自评他们的进展，但通常没有什么条理或是不常发生。 • 教师使用与课标相对应的评价量规来引导用作形成性评估。	• 使用项目作品和其他证据来透彻地评估学科课标和成功技能的达成情况。 • 充分评估了学生个体的学习情况，而不是只评估了团队创作的项目作品。 • 定期、频繁地搭配多种多样的工具和流程来进行形成性评估。 • 在项目检查节点定期使用步骤明确的批判性反馈及修改的规程，请学生给出有效的反馈来支持教学决策，并用收到的反馈来指引后续行动。 • 定期给学生提供机会，让他们能够根据明确的步骤对进展做自评，并在恰当的时候进行同伴的评估。 • 学生和教师都使用与课标相对应的评价量规来引导形成性评估和总结性评估。

213

项目式教学实践	新手 PBL 教师	进阶 PBL 教师	符合黄金标准的 PBL 教师
参与和指导	· 教师略微了解了学生的优势、兴趣、背景和生活，但这对教学决策没有大大的影响。 · 设立项目目标时没有征求学生的意见。 · 学生愿意做项目，仿佛那是另一项作业，教师未能创建学生的主人翁意识或激发他们的动力。 · 教师在项目启动阶段发展了驱动性问题，学生也提出了他们的问题，但这些问题没有在探究和项目作品推进的过程中发挥引导作用。 · 教师对全体学生的期待表现得不明确，要么太高，要么太低。 · 课堂中建立人际关系的机会很有限，导致学生的需求没有被发现或满足。 · 学生和教师非正式地反思了学什么（内容）和怎么学（过程）；反思主要集中在项目的末尾。	· 教师大致了解了学生的优势、兴趣、背景和生活，会在项目教学的时候参考。 · 学生稍微参与了项目目标和子任务的设定。 · 学生对项目目感到兴备，为教师的热情和帮助他们成功的决心所鼓舞而努力工作。 · 学生的问题一定程度上引领着探究过程，但教师大快给出了部分问题的答案；学生不会偶尔会反思驱动性问题。 · 教师没有传达对全体学生表现的合理高期待。 · 通过人际交往，密切观察这些需求，识别学生的这些需求：更多指导，改换方向，更多练习，补充资料，表场，鼓励和庆祝。 · 学生和教师偶尔思考学什么（内容）和怎么学（过程）。	· 教师借助对每位学生优势、兴趣、背景和生活的了解来促进他们参与项目，这些信息也被用于教学决策。 · 学生和教师使用课标未同定义项目目标和子任务，具体方法适合学生的心智发展阶段（例如，共同构建一个评价量规）。 · 项目是教师和学生共同拥有的，这一特质维系了学生对项目的热情和主人翁意识。 · 学生的问题在探究和项目作品推进的过程中起到核心驱动作用，驱动性问题也为持续探究发挥了积极作用。 · 师生共同对全体学生的表现建立了合理的高期待，能够认同并强化这份共识。 · 教师通过和学生建立密切的关系来确定每个学生的需求；这些需求不仅由教师本人和其他学生满足，也会由学生的情况下满足。 · 没有教师参与项目定期，正式地反思学什么（内容）和怎么学（过程），大家特别注意记录获取的成就。

项目规划表

1. 项目概述

项目名称：	公开作品： （个人作品和团队作品）
驱动性问题：	
年级 / 科目：	
时间跨度：	
项目概述：	

2. 学习目标

课标：	读写能力：
	成功技能：
关键词汇：	评价量规：

3. 项目里程碑

说明：使用这个板块来为你的项目创建一份全局概览。你可以将它视为项目故事的大纲，里程碑代表故事中的重要"时刻"或"阶段"。在制定这部分内容时，考虑一下探究过程会如何展开，又有哪些学习会发生。你可以在下页项目日历板块中添加项目里程碑的更多细节。

里程碑 1 入项活动	里程碑 2	里程碑 3	里程碑 4	里程碑 5	里程碑 6 公开作品
学生要解决的关键问题	学生要解决的关键问题	学生要解决的关键问题	学生要解决的关键问题	学生要解决的关键问题	学生要解决的关键问题
形成性评估	形成性评估	形成性评估	形成性评估	形成性评估	总结性评估

4. 项目日历

驱动性问题：				
第＿＿＿周	项目里程碑：			
学生要解决的关键问题：				
第1天	第2天	第3天	第4天	第5天
注意事项：				

驱动性问题：				
第＿＿＿周	项目里程碑：			
学生要解决的关键问题：				
第1天	第2天	第3天	第4天	第5天
注意事项：				

5. 教案设计单（辅助资源）

如何使用该文档：这份教案设计单对如何在项目日历中规划你的日常课程提供了指引。挑选你觉得必要的内容来实现学习目标，促进所有学生创作项目作品。

Ⅰ.**检查原有知识**。确定你将如何在开启任务、课程或活动之前盘点学生已有的知识。（例如，前一天的下课通行证、热身活动、须知问题列表、小测验和课堂讨论等。）

Ⅱ.**学习成果**。它可以与成功技能或课标相关。如果你所在学区使用的是毕业生画像或职业发展路径目标[①]，也可以在这里纳入相关内容。

Ⅲ.**关键词**。注意哪些术语或学术词汇对课堂至关重要。如果你的教学对象为英语非母语的学习者，就要考虑还有哪些他们需要的额外词汇可以在教学活动中帮助他们获得相关的知识或技能。

Ⅳ.**形成性评估**。每堂课都要思考一下，哪种评估类型能最好地检测学习成果。例如，小测验可能是检查学生对关键术语理解情况的最佳方式，而带注释的草图可能最适合确定学生是否理解了关键术语之间的关系。某些情况下，你可能采用非正式评估，如下课通行证，也可能采用更正式的方式，如初稿。最后，在设计形成性评估时，可以选择多样化的评估者。根据学生的年龄段，可以采用自我评估、同伴评估和教师评估。条件允许的话，邀请外部的伙伴或项目作品的终端用户来提供反馈，以改善或指导项目工作。

Ⅴ.**主要的教学活动**。这个部分可以包括课程、任务、活动或学习体验。选择能最好地帮助学生达成学习目标的教学方法。例如，直接教学可能适用于介绍"二战"中的关键人物，而在实物探究活动中让学生研究第

[①] 职业发展路径目标是指通过学校提供的职业发展课程或相关支持性的服务，让学生达到的一系列目标，旨在帮助他们克服学业困难、减少进入职场后会遇到的阻碍。——译者注

一手的文件资料，将更有助于他们理解这些关键人物对战争中关键事件的影响。根据学生和项目里程碑的需要，其间也可适宜安排与课堂文化、学生合作、项目管理工具或技能相关的教与学。

VI. **学习支架**。学习支架是一种暂时性的辅助工具，当学生不再需要时就可以被移除。这些支架既可以用来辅助知识的学习，也可以用于支持项目开展的过程（比如须知问题）。利用"检查已有知识"确保你为有需要的学生提供了适当的支架。一定要考虑到广泛的需求，如读写能力、语言习得水平、听觉／视觉处理、知识体系的建立、学习风格偏好、学术表现水平等。

VII. **反思**。学生要如何反思他们的思维变化、项目过程或学习？

VIII. **解决学生的须知问题**。在这个教学活动中，你打算解答哪些学生提出的问题，或解决学生的哪些问题？

IX. **工具／资源**。这部分包括面向学生的工具、专家或社区成员等人力资源、教师所需的工具和其他设备等。

英语非母语学习者的 PBL 支架

下表提供了为英语非母语的学习者在项目各阶段搭建学习支架的策略和建议。这些推荐内容和《加利福尼亚州英语发展标准的理论框架和研究基础》(Theoretical Foundations and Research Base for California's English Language Development Standards) 中"预先计划的学习支架搭建策略"相对应，文末附有原有原文件的链接。

	项目流程的支架 你如何减少语言和文化上的障碍，以便学生完成项目并取得成功？	学习内容的支架 你如何减少语言和文化上的障碍，让学生掌握知识或技能？	语言能力发展的支架 你如何在项目的语境下支持学生习得英语语言能力？
启动项目：入项活动和驱动性问题	• 让学生填写并使用巴克教育研究院的项目团队合作计划，以此来组织和安排他们在项目期间的工作。[2,5] • 把截止日期和待办事项公布在（线上或）教室里的项目墙上。[2] • 使用问题生成法来帮助学生理解如何有效提问。[6] • 提供封闭式问题和开放式问题的句子框架来帮助学生提问。[8] 进行头脑风暴，并给学生提出的问题分类。把问题归入学生容易识别的过程类问题（例如，内容类问题、过程类问题、展示类问题）。[8]	• 在生成须知问题列表时，使用 KWL 图表、问题框架和明确的示范[8] 来帮助学生确认已经知道了哪些相关内容，并支持他们提出新问题。[1,6] • 在入项活动过程中，使用图像化的辅助资料（例如，照片、视频和实物）来帮助语言水平各异的学生熟悉背景。[7] • 假如入项活动是一次"体验"（例如，实地考察，动手操作的活动），让学生使用信息组织图帮助自己整理思路或者记录一些有助于回忆的关键词。在实地考察中，寻宝游戏是很有用的一种策略。[7] • 假如可能，让学生在入项活动期间使用照相机来记录过程中的体验，也可以创作其他视觉化的材料以便日后重现信息和寻找连接点。[7]	• 在入项活动的讨论过程中明确地教授和定义与内容有关的词汇。[8] • 制作并维护与项目有关的学术语句的词汇墙。[8] • 以入项活动为契机，向学生介绍不同的文体，并讨论不同文体的常规和目标。[4,8] • 提供更多低风险的听说练习的机会，让学生先两人一组或在小组内交谈入项活动和须知问题，再参与全班讨论。[5] • 在项目相关的资料里（例如，入项活动、驱动性问题和评价量规）避免使用（或明确地教授）俗语或谚语。[4]

	项目流程的支架 你如何减少语言和文化上的障碍，以便让学生完成项目并取得成功？	学习内容的支架 你如何减少语言知识或技能上的障碍，让学生掌握知识或技能？	语言能力发展的支架 你如何在项目目的语语境下支持学生习得英语语言能力？
构建知识、理解与技能以回应驱动性问题	• 用学生能理解的语言（"我能……"）公布语言和技能目标。经常重温这些目标。如果需要针对特定的学生制定差异化目标，要做好特标注。2 • 在项目期间使用多种多样的分组策略（例如，异质分组、语言水平分组、自由选组、两人配对、自由选组等）。5	• 以多样的形式提供指导（例如，动手操作、小组内教学和直接指导）。7 • 在项目工作时间给学生提供难度分层的文本材料。4 • 按逻辑顺序安排工作坊，提供清晰的示范，解释说明以及指导练习的机会。2 • 让学生和语言水平不同的同伴或小组在一起，相互评估或探讨项目内容（例如，经常安排非正式的形成性评估（例如，课下、板块转换和会谈），并基于评估结果调整教学策略。5	• 通过课堂观察和书面作业（如反思日志）对学生语言发展进行形成性评估。3 • 让学生制作个性化的图例小词典来累积核心词汇。8 • 提供多样的听说机会（例如，一分钟对话，拼图学习、角色扮演）。5
形成回应驱动性问题的作品或解答，并对其进行批判性反馈	• 示范并练习用于提供批判性反馈的结构化规程。8 • 用思维导图帮助学生组织信息和想法。7 • 和学生共同为最终项目作品和成功技能的评估创建评价量规。教师和学生应该在评估和反思时使用这份评价量规。这份量规还应用于形成性评估和总结性评估。3	• 使用问题生成法来引导学生提出新问题，以此改进他们对内容的理解。6	• 提供句子框架来帮助学生给予和接受反馈。8 • 在合适的情况下，给学生提供文范或文本框架，以此教授文本语言规范。8

	项目流程的支架 你如何减少文化上的障碍，以便学生完成项目并取得成功？	学习内容的支架 你如何减少语言和文化上的障碍，让学生掌握知识或技能？	语言能力发展的支架 你如何在项目的语境下支持学生习得英语语言能力？
展示能回应问题、驱动性问题或作品解答	• 让学生在小组内完成已克服教育研究院的展示计划。[7] • 提供多次机会让学生练习展示并收集反馈意见。[2,3] • 在学生练习的时候录像。让学生回看视频并将自己的表现和展示评价量规做比较，反思可以提高的地方。[3]	• 提供信息组织图，帮助学生在观看其他人展示的时候整理他们学到的东西。[7] • 鼓励学生运用视觉化辅助材料和多媒体工具来提升和澄清展示内容。[7] • 让学生使用结构化的规程来反思哪些知识和技能得到了发展。[1]	• 和学生一起确立对展示对象和整体情况来说最恰当的语调、正式程度和语言风格。提供示例帮助学生理解什么样的"语体风格"是恰当的。[8] • 为展示的不同方面提供语言模板（例如，给出指示、描述过程，比较想法）。[8] • 提供问题框架来协助观众有效提问。[6]

"预先计划的学习支架搭建策略" 来自《附录 C：加利福尼亚州英语发展标准的理论框架和研究基础》（美国加利福尼亚州教育部，2012）。检索自：http://www.cde.ca.gov/sp/el/er/documents/eldstndspublication14.pdf

1. 考虑学生已知的内容（包括主要的语言和文化），将其与学生要学习的内容相关联。
2. 拆选任务并按逻辑排序，例如、示范，解释说明以及提供指导练习。
3. 在教学过程中经常检查学生的理解状况，并在学年中以恰当的间隔测定学习进度。
4. 为特定的（动词、语言、和识方面的）目标仔细选择文本材料。
5. 提供多样的分组协作过程。
6. 构建优质问题，以促进批判性思维和扩展论述。
7. 使用多种媒介提供语境，例如，信息组织图、图表、照片、视频或其他多媒体。
8. 为学生提供语言模板，例如、句子框架，开头句式，学术词汇墙，语言框架表，范文，或在教学中进行语言示范（例如、使用学术词汇或短语）。

参考文献

Adams, L. (2020). "PBL + SEL + Trauma-Informed Teaching for the Times We're In" blog post, PBLWorks.

Ainsworth, L. (2015) "Priority Standards: The Power of Focus." *Education Week.*

Blumenfeld, P. C., Solloway, E., Marx, R. W., Krajcik, J. S., Guzdial, M., & Palincsar, A. (1991). "Motivating Project Based Learning: Sustaining the Doing, Supporting the Learning." *Educational Psychologist, 26*(3&4), 369–398.

Brophy, J. E. (2013). *Motivating Students to Learn.* New York, NY: Routledge.

Capon, N., & Kuhn, D. (2004). "What's So Good About Problem-Based Learning?" *Cognition and Instruction, 22*(1), 61–79.

Cheyne, M. (2014). "Optimizing Student Learning with Complex Instruction" blog post, Knowles Teacher Initiative.

Cohen, E., & Lotan, R. (2014). *Designing Groupwork: Strategies for the Heterogeneous Classroom.* New York, NY: Teachers College Press.

Costa, A., & Kallick, B. (2008). *Learning and Leading with Habits of Mind.* Alexandria, VA: ASCD.

Delpit, L. (2013). *Multiplication Is for White People: Raising Expectations for Other People's Children.* New York, NY: The New Press.

Dochy, F., Segers, M., Van den Bossche, P., & Gijbels, D. (2003). "Effects of Problem-Based Learning: A Meta-Analysis." *Learning and Instruction, 13*(5), 533–568.

Duke, N., Halvorsen, A-L., Strachan, S. L., Kim, J., Konstantopoulos, S. (2020).

"Putting PBL to the Test: The Impact of Project-based Learning on Second-grade Students' Social Studies and Literacy Learning and Motivation," 1–41. *American Educational Research Journal.*

Ebarvia, T. (2016). "How Inclusive Is Your Literacy Classroom Really?" blog post, *Heinemann.*

Farnsworth, S. (2019). "4 Ways to Use Single-Point Rubrics" blog post, Shaelynn Farnsworth.

Fisher, D., & Frey, N. (2013). *Better Learning Through Structured Teaching: A Framework for the Gradual Release of Responsibility, 2nd Edition.* Alexandria, VA: ASCD.

Frey, N., & Fisher, D. (2011). *The Formative Assessment Action Plan.* Alexandria, VA: ASCD.

Haberman, M. (1991). "The Pedagogy of Poverty Versus Good Teaching." *Phi Delta Kappan.*

Hammond, Z. (2020). "A Conversation About Instructional Equity with Zaretta Hammond" blog post, Collaborative Classroom.

Hammond, Z. (2014). *Culturally Responsive Teaching and the Brain.* Thousand Oaks, CA: Corwin.

Hashem, D. (2017). "6 Reasons to Try a Single-Point Rubric" blog post, *Edutopia.*

Hung, W., Jonassen, D. H., & Liu, R. (2007). "Problem-Based Learning." In J. M. Spector, J. G. van Merriënboer, M. D. Merrill, & M. Driscoll (Eds.), *Handbook of Research on Educational Communications and Technology* (3rd ed., pp. 1503–1581). Mahwah, NJ: Erlbaum.

Kingston, S. (2018). "Project Based Learning and Student Achievement." PBLWorks.

Krajcik, J. (2021). "Project-Based Learning Increases Science Achievement in Elementary School and Advances Social and Emotional Learning." Lucas Education Research

Ladson-Billings, G. (1994). *The Dreamkeepers. Successful Teachers of African American Children*. San Francisco, CA: Jossey-Bass Publishing Co.

Larmer, J. (2013). "Project Based Learning vs. Problem Based Learning vs. XBL" blog post, PBLWorks.

Lee, M. (2018). "Coaching Your Students: Team PBL!" blog post, PBLWorks.

Maitra, D. (2017). "Funds of Knowledge: An Underrated Tool for School Literacy and Student Engagement." *International Journal of Society, Culture & Language*.

McTighe, J. (2017). "Beware of the Test Prep Trap" blog post, PBLWorks.

Mergendoller, J. (2017). "Defining High Quality PBL: A Look at the Research." HQPBL. org.

Rey, L. (2017). "How My Project-Based School Prepared Me for Columbia" blog post, PBLWorks.

Saavedra, A.R., Rapaport, A., & Morgan, K. (2021). "Knowledge in Action Efficacy Study Over Two Years." USC Dornsife Center for Economic and Social Research.

Sizer, T. (1990). "Common Principles." Coalition of Essential Schools.

Strobel, J., & van Barneveld, A. (2009). "When is PBL More Effective? A Meta-synthesis of Meta-analyses Comparing PBL to Conventional Classrooms." *Interdisciplinary Journal of Problem-based Learning, 3*(1).

Tornburg, D. (2013). *From the Campfire to the Holodeck: Creating Engaging and Powerful 21st Century Learning Environments*. San Francisco, CA: Jossey-Bass.

Wiggins, G. (2012). "Seven Keys to Effective Feedback." *Educational Leadership*, ASCD.

Wiggins, G., & McTighe, J. (2012). "Introduction: What Is the UbD Framework?" ASCD.

Willis, J. (2018). "The Value of Active Listening" blog post, *Edutopia*.

Wormelli, R. (2016). "What to Do in Week One?" *Educational Leadership*, ASCD.

写在最后

在 PBL 探索之旅中，无论你是刚出发、正在路上，还是已经走过很多遍，我们都祝愿你一切顺利。你在做的是很重要的工作！如今的学生需要体验有吸引力的、有意义的学习，而我们的世界需要他们成为积极的公民和问题解决者。那些最缺乏教育机会的学生尤其能从 PBL 和项目式教学中受益，因此，我们希望在为这些学生服务的学校中看到更多这样的教学实践。

PBL 从出现到在教育领域得到越来越广泛的应用，花了很长时间。尽管近年来教师、学校领导、教育政策制定者、课程提供者和媒体对它的关注度越来越高，但它仍有很长的路要走。在绝大多数 K-12 阶段的学校中，它显然还不是主要的教学方法。

造成这种状况的原因有很多，其中最主要的原因是，人们长期以来对教什么、怎么教、如何测评形成了固有的观念。这些观念已经存在一个多世纪了。我们相信，如果按照本书的指导做好教学，教师和学生所做的项目将为变革提供更有说服力的证据。作为一名 PBL 教师或领导者，你是将教育转向新方向的一股重要力量。

你可以在我们的网站 pblworks.org 上找到很多能用于进一步专业学习的资源。也请你和我们保持联系：在社交媒体上 @PBLWorks，与我们分享你有关 PBL 的问题和故事。我们会是你的坚实后盾！

图书在版编目（CIP）数据

项目式学习指导手册: 每个教师都能做PBL: 小学版 / 美国巴克教育研究院项目式学习计划编著; 来赟, 邢天骄译 . -- 北京: 中国人民大学出版社，2023.1

书名原文：Project Based Learning Handbook for Elementary School

ISBN 978 - 7 - 300 - 31105 - 0

Ⅰ.①项… Ⅱ.①美… ②来… ③邢… Ⅲ.①小学—教学法 Ⅳ.① G622.41

中国版本图书馆 CIP 数据核字（2022）第 224157 号

著作权合同登记号
图字：01-2021-6907 号

项目式学习指导手册：每个教师都能做 PBL（小学版）
美国巴克教育研究院项目式学习计划
（PBLWorks–Buck Institute for Education） 编著
来赟　邢天骄　译
Xiangmu Shi Xuexi Zhidao Shouce: Mei Ge Jiaoshi Dou Neng Zuo PBL (Xiaoxue Ban)

出版发行	中国人民大学出版社	
社　址	北京中关村大街 31 号	**邮政编码**　100080
电　话	010 - 62511242（总编室）	010 - 62511770（质管部）
	010 - 82501766（邮购部）	010 - 62514148（门市部）
	010 - 62515195（发行公司）	010 - 62515275（盗版举报）
网　址	http://www.crup.com.cn	
经　销	新华书店	
印　刷	北京华宇信诺印刷有限公司	
规　格	720 mm × 1000 mm　1/16	**版　次**　2023 年 1 月第 1 版
印　张	14.75　插页 1	**印　次**　2025 年 1 月第 6 次印刷
字　数	210 000	**定　价**　79.80 元